农村土地整治项目
集成融资模式研究

陈　慧　著

WUHAN UNIVERSITY PRESS
武汉大学出版社

图书在版编目(CIP)数据

农村土地整治项目集成融资模式研究/陈慧著 . —武汉：武汉大学出版社,2022.9

ISBN 978-7-307-23164-1

Ⅰ.农…　Ⅱ.陈…　Ⅲ.农村—土地整理—融资模式—研究—中国 Ⅳ.F321.1

中国版本图书馆 CIP 数据核字(2022)第 126810 号

责任编辑:路亚妮　张钰晴　　责任校对:张　舸　　装帧设计:吴　极

出版发行:**武汉大学出版社**　　(430072　武昌　珞珈山)

（电子邮箱: whu_publish@ 163.com　网址:www.stmpress.cn）

印刷:广东虎彩云印刷有限公司

开本:720×1000　1/16　　印张:11.75　　字数:227 千字

版次:2022 年 9 月第 1 版　　2022 年 9 月第 1 次印刷

ISBN 978-7-307-23164-1　　定价:65.00 元

序

当前,土地整治已经成为推动乡村振兴、统筹城乡发展的重要举措,其核心内容也正由原先的以农用地整治为主,朝着景观生态型土地整治转变,以生产空间、生活空间和生态空间用地的合理配置与景观生态规划相统一为发展目标,逐步扩大到国土空间生态修复,涵盖农业空间生态修复、城镇空间生态修复、矿区生态修复、全域土地综合整治等。如果仅靠政府投资,显然政府难以负担,因此,鼓励社会资本参与各种类型的土地整治项目并获得合理回报,成为土地整治融资的重要选择。

我国 BOT、TOT、PPP 等项目融资模式已经在基础设施领域进行了大量实践,也有一些土地整治项目按照这些融资模式开展了建设,取得了一定的实施效果。这种以"政府-社会投资者"合作为基本理念的项目融资模式,为土地整治提供了新的融资理念和思路。当然,也要看到这些模式在实施中存在与土地整治项目适应性较差等缺陷,使项目存在较大风险。

本书通过剖析土地整治投融资现状与问题,分析了 BOT、TOT 和 PPP 单一模式的缺点,作者认为三种单一模式单独使用对于土地整治项目有一定的局限性,进而从土地整治项目的经济属性和三种模式的互补性两个层面剖析了三者集成融资的可行性,提出了集成融资模式的内涵、路径及其优势;设计了集成融资模式结构体系;阐述了集成融资模式运作程序;通过对利益相关者及其机制取向进行分析,提出了合作约束机制,特别是明确了利益分配机制;构建了集成融资风险评价指标体系和评价模型,提出了风险分担机制;运用 DHGF 算法建立了集成融资绩效评价模型,并提出相应的保障机制。

本书主要研究了以下内容:

(1)将集成融资模式结构体系分为组织结构、时间-空间混合结构(时空混合结构)、投资结构、资产结构等。其主要组织成员和核心利益相关者是政府、社会投资者、项目公司、借贷机构和项目区村委会及农户。利用土地整治项目的可分解性,考虑不同阶段的运作情况,时空混合结构可以实现分子项目和分阶段组合运行。通过对南京市 J 区万顷良田建设工程项目进行实证研究,发现时空混合结构更具灵活性和可操作性。

(2)将集成融资模式运作程序分为项目分析、模式初选、模式转换、验收移交4 个阶段。其中,模式转换阶段主要进行模式匹配动态转换、特许权谈判、项目公司组建、项目规划设计与编制预算、项目融资、施工建设、项目经营,是较为核心的阶段。

(3)提出了集成融资模式的关键,包括合作约束机制和风险分担机制。本书提出了以扩展的多主体之间讨价还价模型为核心的利益分配机制,通过对南京市 J 区万顷良田建设工程项目的实证研究,发现使用该模型得到的分配方案与使用成本比例分配法、Shapley 值法相比,缩小了各利益相关者之间的利润差额,既能按照投资多寡体现"成本、收益、风险相匹配原则",又能兼顾各方利益体现"多方共赢原则",其执行效果较好,具有较高的应用价值。

从风险成因看,委托代理问题和信息不对称问题是主要方面。根据系统分析原则、全面动态原则、谨慎性原则,集成融资风险等级全息模型框架包括政策、市场、借贷机构、政府、项目公司本身、项目阶段和项目合同 7 个方面的风险,可以较为全面地反映风险类型。

(4)构建了集成融资绩效评价指标体系,包括提高效率、降低造价、确保质量3 个方面。运用 DHGF 算法的集成融资绩效评价模型,使用了中心点型白化权函数,结果更加有效。实证分析评价结果表明绩效达到"优"等级,说明该项目采用集成融资取得了较好效果;而资金按时到位率处于优良状态、工程施工费节约率处于良的状态,则说明尚有提升空间,这主要是由于集成融资还处于摸索阶段,银行等金融机构的融资贷款往往延迟。

(5)提出了推进集成融资需要建立的保障机制。法律保障机制主要是建立适用的项目融资规则体系。金融创新机制主要是创新抵押品种类,可以允许把补充耕地指标、增减挂钩节余指标作为融资保证。农民权益保障机制旨在解决项目公司和农民地位不平等的问题,可以建立一个具有前瞻性眼光和管控能力强的领导机构,统一监督管理。针对非市场因素造成的风险,通过政府与社会投资者签订"最低收益保障合同条款",形成收益保障机制,以保障社会投资者的基本收益,从而激发其投资的热情。

本书系统、全面地探讨了农村土地整治项目 BOT-TOT-PPP 集成融资模式的理论与方法体系,并以南京市 J 区万顷良田建设工程、P 区 Q 街道城乡建设用地增减挂钩项目为例,对该集成融资模式进行了实证检验。这为今后的土地整治融资和资金管理研究提供了理论基础和基本分析框架。

当然也必须看到,我国土地整治是一项十分复杂的系统工程,特别是当前土地整治成为乡村振兴、生态修复的重要举措,本书提出的一些观点还需要通过实践验证并进一步研究和深化。作为作者的导师,我真切希望她能够在已有成果的基础上,进一步深入探索,取得更好的成果!

刘友兆

2022 年 6 月于南京

目　　录

第1章 绪 论

1.1 研究背景与意义

1.1.1 研究背景

(1)土地整治已经成为推动乡村振兴、国土空间生态修复的重要举措。

中国人多地少,耕地资源稀缺。面对城乡建设快速发展,用地空间矛盾日益突出的形势,以农用地整治和村庄及废弃工矿用地整治为主要内容的农村土地整治,就成为保护耕地、缓解城乡建设用地压力的有效途径。作为落实土地利用总体规划、实施城乡土地空间优化配置的重要手段,土地整治在土地资源保护和合理利用工作中发挥着重要作用。

当前,中国土地整治的战略定位、实施背景随着经济、社会的发展发生了巨大变化,土地整治已经成为推动乡村振兴、统筹城乡发展的重要举措;其核心内容也正由原先的以农用地整治为主,朝着景观生态型土地整治转变,以生产空间、生活空间和生态空间用地的合理配置与景观生态规划相统一为发展目标,逐步扩大到国土空间生态修复,涵盖农业空间生态修复、城镇空间生态修复、矿区生态修复、全域土地综合整治等,其所需资金数额巨大。据统计,仅"十二五"期间,全国各地土地整治累计投入资金 5500 多亿元,惠及农民 1.01 亿人,极大地改善了贫困地区农村面貌和农业生产条件,提高了粮食综合生产能力,增加了农民收入,经济、社会、生态综合效益显著。"十三五"期间,全国土地整治总投资额超过 1.17 万亿元[①],而逐步兴起的全域土地整治、国土空间生态修复涉及征收安置等工作,所需的投资更多。

(2)社会资本参与的 BOT、TOT 和 PPP 等项目融资模式得到广泛应用。

从以往的土地整治投资来看,土地整治项目主要为政府财政投资,资金主要来源于新增建设用地土地有偿使用费、耕地开垦费、土地复垦费、用于农业土地开发的土地出让金以及各类涉农资金等政策性资金。面对这样巨大的资金需

---

① 唐秀美. 农村土地整治助力乡村振兴战略实施——《乡村振兴视域中的农村土地整治》评介[J]. 中国土地科学,2020,34(3):101-104.

求,以国土空间生态修复为核心的土地整治仅靠政府投资,显然政府难以负担,而有强烈参与意向的社会资本蓬勃发展为其参与国土空间生态修复奠定了物质和技术基础。

近年来,BOT、TOT 和 PPP 等项目融资模式在公益性基础设施建设中得到了广泛应用,获得了宝贵的实践经验和良好的效果。这种以"政府-社会投资者"合作作为基本理念的项目融资模式,为以国土空间生态修复为核心的土地整治提供了新的融资理念和思路。与其他融资模式相比,它们的适用范围更广,并且能够让政府和企业(私人)等社会投资者各自发挥优势(如项目公司投资者拥有更丰富的项目管理经验),从而更加有利于项目的实施。为此,国务院办公厅于2021 年 11 月出台《关于鼓励和支持社会资本参与生态保护修复的意见》,鼓励社会资本全程参与从陆地到海洋的各种类型生态系统保护修复并获得合理回报。

本书基于"政府-社会投资者"合作基本理论,对 BOT、TOT 和 PPP 三种典型项目融资模式进行集成,提出一种具有创新性的土地整治集成融资模式,使其在取得较好社会效益的同时,让社会投资者也获得一定的经济回报,实现政府与社会投资者之间的"双赢",从而为创新土地整治尤其是国土空间生态修复的资金来源渠道提供理论依据和方法途径。

1.1.2　研究意义

以国土空间生态修复为核心的土地整治不仅是对田、水、路、林、村进行综合整治,还要按照山水林田湖草是一个生命共同体的原则,实现国土空间格局优化、生态系统健康稳定和生态功能提升的目标。土地整治是国家可持续发展的重要战略之一,其有规模大、投资高、区域性强、工程类型多、技术复杂、修复时间长、治理措施综合和综合效益显著等特征,具有准公共产品的属性。作为全面推进乡村振兴、统筹城乡发展的重要举措,土地整治面临着资金需求量大,融资渠道单一和结构失衡,资金利用率不高等问题,需要拓宽土地整治的融资途径。以往土地整治的资金来源主要有 4 个:耕地开垦费、新增建设用地土地有偿使用费、土地复垦费和部分土地出让金。为寻找新路径,不同的学者从不同的角度分析了土地整治融资的可行性、必要性、机制、方式等,认为单一的政府投资已经无法满足当前土地整治的资金需求,而多元化融资及市场化经营,为土地整治项目注入了活力。一些学者分析了项目融资的优势,将其运用到土地整治项目中,开创了多种土地整治融资模式,其中具有代表性的有 BOT、TOT、PPP、土地证券化等。

(1)全面、系统论证集成融资模式体系,具有较高的理论价值。

目前以 BOT、TOT、PPP 等融资模式运作的建设项目越来越多。本书综合这些融资模式的优缺点,分析其对土地整治项目的适用性,提出三者组合形式,如 TOT-BOT、BOT-PPP、TOT-PPP 及 BOT-TOT-PPP,形成较为完善的、系统的土地整治集成融资模式理论和方法体系,通过运用集成方法,根据土地整治项目自身特征,明确其集成融资模式的路径、特许权、运作程序、合作约束机制、利益分配机制、风险分担机制、保障机制,并对其绩效开展定量评价。本书提出的集成融资模式体系全面、系统,弥补了单一融资模式对土地整治不完全适用的缺陷,不仅可以对传统的土地整治更好地运用项目融资拓宽融资渠道起到指导作用,也为新兴的国土空间生态修复项目使用集成融资模式提供了理论基础和借鉴。

(2)选择典型项目开展实证研究,具有重要的示范作用和现实意义。

从 1997 年重提"土地开发整理"至今,中国土地整治从以增加耕地数量为主,向耕地数量质量并重、改善生态环境转变;从单纯的补充耕地,向新型城镇化和农业现代化相结合转变,整治内容也从以农用地整治为主,向农用地整治和农村建设用地整治并重转变。随着新型城镇化、农业现代化和城乡统筹发展战略的逐渐深入,土地整治工作的地位日益突出。从国家层面看,土地整治担负着乡村振兴的重任,国家"十四五"规划纲要提出"科学编制县域村庄布局规划,因地制宜、分类推进村庄建设,规范开展全域土地综合整治"[①]。从各省层面看,如江苏省提出到 2025 年,新增国土综合整治与生态修复面积 27.61 万公顷(414.15 万亩),建成国家试点项目 20 个,省级示范项目不少于 100 个,支持市县自主开展一批项目,基本形成国土空间全域综合整治制度体系[②]。上海提出大力推进全域土地综合整治,积极开展泖港镇、廊下镇等全域土地综合整治试点建设[③]。浙江省提出"到 2025 年,完成 500 个乡村全域土地综合整治与生态修复工程,治理修复 500 个废弃矿山;建成智能化绿色矿山 50 个、矿业绿色发展示范小镇 20 个;大陆自然岸线保有率不低于 35%,海岛自然岸线保有率不低于 78%"[④]。山东省提出要充分发挥财政资金作用,鼓励采取政府和社会资本合作(PPP)模式、

---

① 中华人民共和国国民经济和社会发展第十四个五年规划和 2035 年远景目标纲要[EB/OL].(2021-03-13)[2021-03-13]. http://www.gov.cn/xinwen/2021-03/13/content_5592681.htm.

② 江苏省"十四五"自然资源保护和利用规划[EB/OL].(2021-08-24)[2021-08-24]. http://www.js.gov.cn/art/2021/8/24/art_46144_9984876.html? from=singlemessage.

③ 上海市自然资源利用和保护"十四五"规划[EB/OL].(2021-09-13)[2021-09-13]. https://www.shanghai.gov.cn/nw12344/20210913/18be4647d11e4285b54bbe6bbede3ad0.html.

④ 浙江省自然资源发展"十四五"规划[EB/OL].(2021-05-19)[2021-05-19]. http://www.zj.gov.cn/art/2021/5/19/art_1229505857_2284948.html.

以奖代补等方式,引导农村集体经济组织、农民和新型农业经营主体等,根据土地整治规划投资或参与土地整治项目,多渠道落实补充耕地任务。可见,全国各地土地整治投入进一步加大,所需资金将大大增加。

江苏省万顷良田建设(全域土地整治的一种形式)、城乡建设用地增减挂钩项目作为东部经济发达地区开展土地综合整治的代表,既包括农用地整治,也包括村庄复垦与安置房建设等。已有 50 余个万顷良田建设工程试点,涉及 6.28 万公顷农村建设用地。本书实证研究将选择这类项目,分析这些典型项目的融资模式,可以为不同类型土地整治融资提供理论依据,具有重要的示范作用和现实意义。

加快对土地整治项目融资及其集成模式的研究具有重要的理论意义和现实意义。土地整治作为传统的耕地保护重要举措,逐步与全面推进乡村振兴、生态保护修复和城乡统筹发展战略高度融合。因此,研究土地整治融资模式就是结合当前其他领域融资模式的实践,找出适合新形势下以国土空间生态修复为核心的土地整治的融资模式和机制,并评定其适用范围、使用机制,构建灵活、适用的融资模式,从而为土地整治融资提供理论基础和支撑。

1.2　研究目标与内容

1.2.1　研究目标

当前,土地整治不仅是补充耕地,保障耕地数量不减少、质量有提高的基础公益项目,更是新形势下缓解城乡土地供需矛盾、促进城乡统筹发展、实现新型城镇化和农业现代化的重要举措。为了应对土地整治对资金的需求,本书引入项目融资理念,提出了土地整治项目"BOT-TOT-PPP 集成融资模式"。该集成融资模式以 BOT、TOT 和 PPP 组合运用为突破口,综合了三种融资模式的优势,具有更强的适用性、灵活性、有效性。

本书的研究目标是从土地整治项目的经济属性和 BOT、TOT、PPP 三种典型融资模式的互补性出发,分析三者集成融资的可行性,提出适用于土地整治项目的集成融资模式,进而分析其内涵特征、实现路径、特许权、结构体系、关键因素、运作程序、保障体系并对其绩效进行评价,建立较为完整的、系统的土地整治集成融资模式理论和方法体系,为土地整治采用集成融资模式提供理论支撑。

1.2.2　研究内容

本书从土地整治融资的支撑理论入手,通过剖析土地整治投融资现状与问题,分析 BOT、TOT 和 PPP 单一模式的缺点,发现三种单一模式单独使用对于土地整治项目有一定的局限性,进而从土地整治项目的经济属性和三种融资模式的互补性两个层面剖析了三者集成融资的可行性,提出了集成融资模式的内涵、路径及其优势;设计了集成融资模式结构体系;阐述了集成融资模式运作程序;通过对利益相关者及其机制取向进行分析,提出了合作约束机制,特别是明确了利益分配机制;构建了集成融资风险评价指标体系和评价模型,提出了风险分担机制;运用 DHGF 算法建立了集成融资绩效评价模型,并提出相应的保障机制。这为今后的土地整治融资和资金管理研究提供了理论基础和基本分析框架。

基于上述研究目标,对土地整治集成融资模式开展系统研究,需要分析土地整治集成融资的内涵特征、实现路径、特许权形式,设计其结构体系,阐述其关键因素,如合作约束机制、利益分配机制和风险分担机制,明确其运作程序,测定其绩效水平,提出其保障体系。具体来说,本书主要围绕以下内容展开:

(1)以国土空间生态修复为核心的土地整治投融资现状与融资需求。查找当前土地整治投融资和典型项目融资模式 BOT、TOT 和 PPP 存在的问题,阐述三种单一融资模式单独使用对土地整治项目的局限性。

(2)集成融资可行性及其内涵。从土地整治项目的经济属性和三种融资模式的优势互补性两个层面探讨土地整治集成融资模式的可行性,进而阐述集成融资的特征、路径、优势及其特许权。

(3)集成融资模式结构体系设计。结合实证研究,分析集成融资模式的组织结构、时空混合结构、投资结构以及资产结构。

(4)集成融资模式运作程序,包括项目分析、模式初选、模式转换、验收移交4 个阶段。

(5)集成融资模式关键机制:合作约束机制和风险分担机制。主要分析了采取合作约束机制的原因,进而建立包含利益分配机制在内的一系列合作约束机制,阐述集成融资模式的风险成因,进行风险识别,开展风险评价,设计风险分担框架,并通过实证研究进行验证。

(6)集成融资模式绩效评价与保障机制。提出集成融资绩效评价指标体系,运用 DHGF 算法构建项目集成融资效果评价模型,开展实证研究。从法律保障、金融创新、农民权益保障和收益保障4 个方面完善集成融资实施的保障机制,为土地整治项目集成融资顺利实施提供保障支撑。

具体来说,本书共有 9 章。其中第 1 章是绪论部分。第 2 章讨论了农村土地整治融资理论基础及实施,土地整治的定位已经上升为统筹城乡发展的重要举措,资金需求越来越大,但当前仍以政府单一投资为主,资金缺口较大,项目融资模式为其提供了新的融资思路。第 2 章提出新时期土地整治出现了新特征,如内容全面、涉及全域,设施配套、结合统筹、结构优化、盘活存量。同时其融资也出现了新特征,如投资较为密集,政府需要对项目拥有控制权;先期投资较大,资金回收有滞后性;市场筹资机制有待健全。这些都需要 BOT、TOT 和 PPP 等多元化的投融资体系。

第 3 章阐述了集成融资的必要性、可行性和优势。通过对三种典型融资模式的相关概念、组织结构、运行程序、利益相关群体及相互之间合同关系进行对比,不难发现,三者均存在一些缺陷,但各自的优势又能很好地互补。集成融资模式本质上是对三种典型融资模式的组合运用,其具有更多优势。集成融资可以形成 TOT-BOT、BOT-PPP、TOT-PPP、BOT-TOT-PPP 等组合形式,其目标是提高土地整治资金使用效率,降低工程造价,保障项目按时且保质完成,以期实现项目利益最大化或风险最小化。

第 4 章概述了集成融资模式的特征、路径与特许权。集成融资模式实现路径包括捆绑式、滚动式两种,其特许权包括新增农用地(含耕地)经营权、农用地整治中原有农用地(含耕地)经营权、补充耕地指标交易权、增减挂钩节余指标交易权、安置房附带商品房开发权、城郊留用区土地开发权等。其优势在于能拓展资金来源范围、加大力度吸收社会资金、提升政府的控制力、便于协调各方利益、保障项目实施质量。集成融资模式能克服单一模式对土地整治项目的不适用性,更适合土地整治项目融资。

第 5 章论述了集成融资模式结构体系和运作程序。其结构体系包括组织结构、时空混合结构、投资结构、资产结构等。政府、项目公司、社会投资者、借贷机构、项目区村委会和农户是其主要组织成员和核心利益相关者。时间结构主要是在不同阶段根据不同的情况采取不同模式进行运作;空间结构主要是依据项目的可分解性,将项目划分为若干子项目,再根据子项目的特点,与具体模式进行组合;时空混合结构可以实现分子项目和分阶段组合运行。集成融资模式运作程序可以分为项目分析、模式初选、模式转换、验收移交 4 个阶段。项目分析阶段主要进行项目工程分解和盈利性分类。模式初选阶段主要通过分析项目融资环境,初步选定融资模式,进而选择合作单位,设计模式架构。模式转换阶段主要进行模式匹配动态转换、特许权谈判、项目公司组建、项目规划设计与预算编制、项目融资、施工建设、项目经营。模式匹配动态转换是本阶段的核心内容,一般只有在项目环境发生重大变化,采用的传统方式(如政府补贴等)失效的情况下,才可以考虑转换模式以适应环境变化。验收移交阶段主要是通过政府验收后,项目公司根据特许权协议进行经营,经营期满后,移交给政府。

第 6 章阐述了集成融资模式合作约束与风险分担,这两者是集成融资的关键点,其中的利益分配是核心。合作约束机制是理顺集成融资中诸多利益相关者之间关系的重要方式,包括合作协调机制、利益分配机制和约束监督机制。其中,合作协调机制包括信息共享机制、利益分配机制、目标协调机制、冲突处理机制、合作信任机制和文化协调机制等。约束监督机制主要包括市场竞争机制、行业约束机制、信誉约束机制、法律约束机制以及地方政府监督、资金监管、审计监督等机制。该章提出了多主体之间讨价还价模型的利益分配机制,分析了多个利益相关主体之间的利益分配。风险识别、评价与分担也是集成融资的关键点。集成融资项目风险产生的主要原因是委托代理问题和信息不对称问题,该章构建的风险等级全息模型包括政策风险、市场风险、借贷机构风险、政府风险、项目公司风险、项目阶段性风险和合同风险 7 个方面,可以较为全面地反映风险类型。该章通过构建风险评价指标体系,阐述了风险评价的模糊综合评价模型,对风险程度进行了定量化度量,进而提出了"谁承担的风险越大,谁的收益越高"和"谁控制力强,谁承担"的风险分担原则和分担框架。

第 7 章提出了集成融资模式绩效评价与保障体系。绩效评价是显化集成融资功能效果的重要手段,DHGF 算法是一种集多种方法于一身的综合集成方法,因此基于 DHGF 算法的集成融资绩效综合评价模式具有良好的效果。该章从提高效率、降低造价、确保质量三个层面构建了集成融资模式绩效评价指标体系。推进集成融资还需要建立相应的法律保障机制、金融创新机制、农民权益保障机制和收益保障机制。法律保障机制旨在建立适用的项目融资规则体系,明确特许经营协议的法律性质,明确社会投资者可以获取指标交易收益。金融创新机制旨在明确金融机构可以创新抵押品种类,可以允许把补充耕地指标、增减挂钩节余指标作为融资保证。农民权益保障机制旨在解决项目公司和农民的地位不平等问题,可以建立一个具有前瞻性眼光和管控能力强的领导机构,统一监督管理。收益保障机制主要针对非市场因素造成的风险,旨在促成政府与社会投资者签订"最低收益保障合同条款",保障社会投资者的基本收益,以激发社会投资者投资的热情。

第 8 章以南京市 J 区万顷良田建设工程项目为例,实证检验第 5 章和第 6 章提出的集成融资模式结构体系和运作程序与利益分配机制,通过实证研究,证明时空混合结构具有更好的环境适应性和可操作性。还确定了各成员的最终效益为开发园区 2.09 亿元、区政府 0.72 亿元、TS 街道项目公司 0.62 亿元、GL 街道项目公司 0.52 亿元、HX 街道项目公司 0.27 亿元,利润分别为(0.90,0.31,

0.27,0.22,0.12)亿元,该分配方案与使用成本比例分配法、Shapley 值法得到的分配方案相比,缩小了各利益相关者之间的利润差额,既遵循了多劳多得的原则,也考虑了各利益相关者对项目投资的重要性。

第 9 章以南京市 P 区 Q 街道城乡建设用地增减挂钩项目为例,测算集成融资模式的风险与绩效。从 Q 街道 2015 年度挂钩项目实证看,一级模糊综合评价结果的最大隶属度为 0.3145,属于"中等"风险,其中项目的项目阶段性风险最高,属于"较高"风险;其次是合同风险和借贷机构风险,属于"中等"风险。这一结果与该街道近两年在实施中遇到的实际情况一致,其结果较为可信。该章阐述了风险分担框架:属于市场层面的风险,应该由社会投资者负责承担;而属于行政管理类的风险,应由政府尽量承担。通过 DHGF 算法开展了 Q 街道 2014 年度挂钩项目集成融资绩效评价,从综合结果来看,属于"优"等级;从单个指标看,除资金按时到位率、工程施工费节约率外,其余指标均属于"优"及以上灰类,说明该项目集成融资实施效果非常好。资金按时到位率处于优良状态,工程施工费节约率处于良的状态,还有提升空间,这主要是由于集成融资还处于摸索阶段,银行等金融机构的融资贷款发放往往延迟。该模型应用效果较好,能够客观反映融资效果。

1.3　研究方法与技术路线

1.3.1　研究方法

本书采用的主要研究方法如下:

(1)层次分析法。

层次分析法依靠专家经验,但需要通过检验,结果较为客观。本书利用层次分析法在集成融资风险评价、绩效评价中确定权重。

(2)模糊综合评价法。

模糊综合评价可以把定性评价转化为定量评价,能较好地解决模糊的、难以量化的问题。本书利用模糊综合评价法评判集成融资风险。

(3)DHGF 算法。

DHGF 算法集合了德尔菲法(Delphi method)、层次分析法(analytic hierarchy process,AHP)、灰色关联度法(grey relational analysis)、模糊综合评价法(fuzzy comprehensive evaluation)等多种方法,具有良好的理论基础和实施效果,能够实现从定性到定量的评价。本书按照 DHGF 算法构建土地整治项目集成融资绩效综合评价模型。

（4）讨价还价模型。

讨价还价过程被视为合作博弈的过程，本书利用讨价还价模型分析利益相关者之间的风险分担关系，构建风险分担的最优组合模式。

（5）专家打分法。

专家打分法是指通过匿名方式征询有关专家的意见，对专家意见进行统计、处理、分析和归纳，客观地综合多数专家的经验与主观判断，对大量难以采用技术方法进行定量分析的因素做出合理估算，经过多轮意见征询、反馈和调整后，对研究对象可实现程度进行分析的方法。

本书采用此方法时，将相关问题制成调查问卷，通过当面作答、电子邮件、深度访谈等形式，获取专家意见，从而掌握专家对集成融资风险问题的看法和意见，进而确定集成融资模式风险程度。

（6）规范研究与实证研究相结合。

本书将规范研究与实证研究相结合，在土地整治项目集成融资的内涵特征、路径、特许权类型、结构体系、运作程序、合作约束机制、风险分担机制及其绩效等方面，综合采用土地供求理论、地租地价理论、区位理论、博弈论、公共产品理论、委托代理理论、利益相关者理论等进行了规范分析。在此基础上，选择南京市 J 区万顷良田建设工程项目、P 区 Q 街道城乡建设用地增减挂钩项目等具体的农村土地综合整治项目，开展土地整治项目集成融资结构体系、运作程序、合作约束机制、风险分担机制及其绩效等研究，从而对本书的理论部分进行验证。

1.3.2 技术路线

本书将项目融资理论与方法运用在土地整治融资中，探析土地整治投融资现状及 BOT、TOT、PPP 单一模式存在的问题和对土地整治项目的适用性，并以融资集成为研究视角，提出土地整治 BOT-TOT-PPP 集成融资理论体系和方法，构建集成融资模式的整体框架，形成系统、完整的理论体系。

本书从土地整治项目的经济属性和三种融资模式的互补性两个角度分析并阐述集成融资的可行性；通过分析三种融资模式的组合类型，阐述集成融资的内涵、路径、优势及其特许权；通过研究组织、时空、资产、投资结构，分析集成融资结构体系；通过利益相关者分析，提出合作约束机制、利益分配机制；通过风险识别分析评价，度量风险大小，建立风险分担框架；通过运用 DHGF 算法，形成绩效评价模型，提出集成融资保障机制。以南京市 J 区万顷良田建设工程项目、P 区 Q 街道城乡建设用地增减挂钩项目等为例，较为详细地探讨了集成融资模式结构体系、合作约束机制、风险分担机制、运作程序及其绩效（图 1-1）。

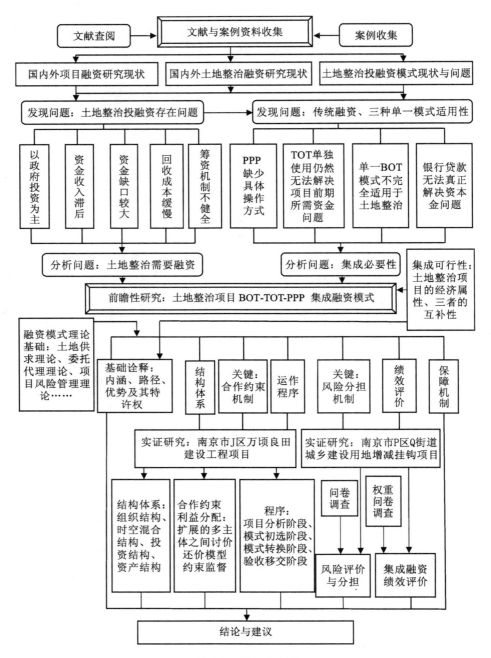

图 1-1　技术路线图

1.3.3　资料来源

本书的资料来源于以下几个方面：

（1）统计数据：统计年鉴、年鉴、公报等，如历年的中国国土资源公报。

（2）文献资料：各类期刊、研究报告等，如《P 区新农村建设"山南片三期工程"项目可行性研究报告书》。

（3）调研资料：通过问卷、访谈获得的资料。

（4）规划设计、项目资料：如《南京市统筹城乡发展试点镇街土地综合整治规划成果汇编（2012—2030 年)》《南京市 J 区万顷良田建设工程规划方案》《P 区 Q街道 2014 年度城乡建设用地增减挂钩项目资料汇编》《P 区 Q 街道 2015 年度城乡建设用地增减挂钩项目规划方案》。

（5）图件资料：专题图件（土地整治项目现状图、规划图，土地利用总体规划图）等，如南京市 J 区万顷良田建设工程现状图、规划图，P 区 Q 街道 2014 年度、2015 年度城乡建设用地增减挂钩项目现状图、规划图等。

第2章 农村土地整治融资理论基础及实施

2.1 农村土地整治相关概念界定

2.1.1 农村土地整治

农村土地整治广义上指对农村低效和不合理利用的土地,以及在生产过程中和自然灾害中被损毁的土地进行治理复垦,以提高土地利用率的一项活动。在新的历史时期,土地整治在内涵上逐步由以增加耕地数量为主向耕地数量质量并重转变,被赋予了新的目标和任务[①]。

本书所指的农村土地整治(简称"土地整治"),既包括农用地整治,也包括农村建设用地整治(含村庄整治、废弃工矿用地整治)。

2.1.2 土地整治项目

土地整治项目是指在一定的空间范围(一般指项目区范围,建设用地整治还包括安置区)内,不断投入人力、财力、物力以及技术等,通过规划、设计、施工、监理团队及政府、村委会等多个组织团体,对这一空间范围内的田、水、路、林、村进行综合治理,盘活存量土地,协调区域关系,改善生产生活条件的过程[②③]。

土地整治项目既有一般工程项目的特点,又有自身独有的特征,如解决项目实施中对农户的清障、拆迁补偿安置,权属调整等问题,在一般工程项目中只是属于前期工作,而在土地整治项目中,特别是在农村建设用地整治项目中,其却是主要的工作内容,也是项目的重点和难点,要尊重农户意愿,发挥项目所在乡镇、村委会的积极作用。土地整治项目的协调难度和管理难度比一般工程项目要大得多。

---

① 刘海楠.土地整治促进区域经济协调发展的机制及路径研究[D].北京:首都经济贸易大学,2014.

② 李瑶.农村土地整治工程项目管理模式研究[D].合肥:合肥工业大学,2013.

③ 高向瑞.农民参与下的农村土地整治工程项目管理研究[D].合肥:合肥工业大学,2013.

2.2　土地整治融资研究现状

目前,世界上很多国家正在开展土地整治,并从不同的角度进行土地整治的融资研究和实践。例如德国土地整治的做法在世界上颇具影响力,其内容也涵盖乡村土地整治和城镇建设用地整治,重点是乡村土地整治。从资金渠道看,德国的土地整治主要由联邦政府、州政府、土地所有者出资。从近年的融资方式来看,德国逐步开始采用市场化的融资方式,主要将其应用于常规性土地整治①②③。日本进行农业土地整治采用的是参与者共同出资的模式,参与者一般为农业省(出资 50%)、都道府县(出资 20%)、盯村(出资 20%)和农民(出资 10%)④。英国是最早实行共同负担土地整治费用的国家之一,基本采用公共部门和私人部门合作的模式。美国主要通过联邦土地银行向土地整治项目提供贷款、债券等。

当前,中国土地整治的资金渠道主要包括耕地开垦费、新增建设用地土地有偿使用费、土地复垦费和部分土地出让金。

土地整治以保护耕地、保障发展为目的,其特征表现为投入高、投资回收期长和公益性,具有准公共产品的属性,目前其面临着资金需求量大、投资渠道单一和结构失衡的问题,需要拓宽土地整治的融资途径。不同的学者从不同的角度分析了农村土地整治融资的可行性、必要性、机制、方式等。一些学者借鉴项目融资的优势,并将其运用到土地整治项目中,提出了 BOT 融资、PPP 融资、土地整理基金、土地信托、土地证券化、土地整理股份化等多种土地整治融资模式,这些学者认为引入市场机制、多元化融资是一个必然的趋势⑤。

(1)很多学者从不同角度对土地整治投资、融资途径进行了探索。查文胜等将土地整治项目分为公益性项目、半盈利性项目和盈利性项目三种,认为半盈利

---

①　鲍海君. 土地开发整理的 BOT 项目融资研究[D].杭州:浙江大学,2005.

②　赵谦. 德国农村土地整理融资立法及对中国的启示[J]. 世界农业,2012(7):74-76,88.

③　董利民,毛泓,叶惠,等. 德国乡村土地整理融资机制及其启示[J]. 新疆农垦经济,2003(5):73-74,69.

④　李彦芳,刘巧芹. 土地整理融资新模式——土地整理基金[J].经济论坛,2004(12):92-93.

⑤　董利民,毛泓,张明,等. 土地整理融资的市场化取向设计[J]. 商业时代,2003(23):62-63.

性项目和盈利性项目都可以采用市场化手段,进行融资、投资①。王利敏等基于项目公益性视角,提出土地整治融资模式创新②。张雅杰等③、郭熙等④认为应将土地整治资金来源扩展到企业投资、社会投资、联合经营以及利用外资等方面。黄贤金等⑤、韩延华⑥提出了多元化融资体系,涵盖项目融资、土地信托、土地证券化等新型融资模式。王丽构建了政府、企业、农民共同投资、投工、投劳的模式⑦。陈佳骊等探讨了基于可转移土地发展权的土地整治项目融资机制的局限性以及项目参与者的土地利益关系问题,指出土地整治项目资金需求巨大,仅靠可转移建设用地复垦指标无法满足其需求⑧;并指出在指标转移过程中应给予农民选择权、增加农民市场参与权。赵谦从体系和内容两方面提出融资对策⑨。中国台湾地区的土地整理模式均采用费用共同分担机制,受益人根据收益比例大小承担相应的土地整理费用,利益分配方面,遵循涨价归公原则,没有一方从中获得不应有的暴利,各利益群体的收益与其付出保持相对一致。⑩

　　学者和政府管理者都认为,单一的政府投资已经不能适应当前土地整治的发展趋势,而多元化融资及市场化经营,是土地整治项目的一种发展形势。BOT、TOT、PPP模式在国内外建设、交通、水利、农村发展等多个行业领域的实践中逐步完善,为土地整治融资提供了新的思路。一些学者借鉴项目融资的优势,并将其运用到土地整治项目中,创新了土地整治融资模式,具有代表性的有BOT、TOT和PPP等。

————————

　　① 查文胜,董利民. 论我国土地整理的政策性金融资金运行机制[J]. 湖北行政学院学报,2006(1):46-51.

　　② 王利敏,孙静. 基于项目公益性视角的农村土地整治融资模式创新[J]. 齐齐哈尔大学学报(哲学社会科学版),2015(4):1-3,6.

　　③ 张雅杰,张丰. 浅谈我国土地整理多元化融资[J]. 国土资源科技管理,2003,20(2):13-16.

　　④ 郭熙,黄俊. 土地整治项目资金筹集途径探讨——以江西省为例[J]. 中国国土资源经济,2012,25(4):49-51,56.

　　⑤ 黄贤金,赵小风. 论我国土地整理融资体系创新[J]. 资源与产业,2008(5):99-102.

　　⑥ 韩延华. 土地整理多元化融资模式探讨[J]. 现代农业科技,2012(18):340-341.

　　⑦ 王丽. 农村土地整理资金良性循环研究[J]. 现代经济(现代物业下半月刊),2008,7(1):81-82.

　　⑧ 陈佳骊,徐保根. 基于可转移土地发展权的农村土地整治项目融资机制分析——以浙江省嘉兴市秀洲区为例[J]. 农业经济问题,2010(10):53-59.

　　⑨ 赵谦. 农村土地整理融资制度的问题与对策[J]. 农机化研究,2012(4):245-248.

　　⑩ 黄道远,刘健,谭纵波,等. 台湾地区的土地整理模式及其对大陆农村地区的启示[J]. 国际城市规划,2017,32(3):93-99.

（2）土地整治 BOT、PPP 模式的提出与应用。伍黎芝等[①]、董利民[②]、占征杰等[③]、张甜[④]提出不同情况下可使用 BOT 模式、BT 模式、PPP 模式、土地基金和资产证券化等模式募集资金。鲍海君详细研究了土地整治 BOT 融资模式，探讨了其可行性、参与者利害关系、组织结构、运行程序及其成功的关键[⑤]，探讨了 BOT 项目融资在土地开发整理中应用的可行性，分析了土地开发整理 BOT 项目中众多参与者的利害关系，设计和讨论了土地开发整理 BOT 项目的组织结构、产权形式、资金流向以及运行程序，并提出了 BOT 项目成功实施的关键，即土地开发整理项目的可行性、政府对项目的支持、项目发起人（投资人）的选择和项目公司的能力、特许权的谈判与决策、项目运行的激励与监督，为 BOT 项目融资在土地开发整理中的应用提供了技术支持。白雪华等[⑥]、何丹等[⑦]、吴九兴等[⑧]、汪文雄等[⑨]、申树云[⑩]对土地整治 PPP 融资模式的组织结构、运行程序、特许合同、资源整合、收益分配和适用条件进行了比较分析，认为其实质是政府通过特许经营权和收益权来换取土地整治建设，并进行了实证检验，认为 PPP 模式比传统投资方式效率更高、效果更明显。

总的来说，从项目融资的发展态势来看，多种融资模式的融合与集成逐步显现其优越性，其结构体系、运作程序、合作约束机制、风险评价与分担机制等较单一融资模式更能适应融资环境的变化，是融资模式的创新和发展。另外，当前中国理论界对土地整治项目融资的研究，仅限于介绍已有的某一项目融资方法，没有系统地提出融资模式的具体实施机制及其如何适应融资环境的变化，对更加

①　伍黎芝,董利民,张明,等. 土地整理融资模式及其比较研究[J]. 商业研究,2004(24):36-41.

②　董利民. 土地整理融资机制研究[D].武汉:华中农业大学,2004.

③　占征杰,占文斌. 土地整理项目融资渠道探讨[J]. 时代金融,2007(10):83-84.

④　张甜. 土地整治项目融资模式探讨[J]. 农业与技术,2014(10):231.

⑤　鲍海君. 土地开发整理的 BOT 项目融资研究[D].杭州:浙江大学,2005.

⑥　白雪华,吴次芳,艾亮辉. 土地整理项目融资 PPP 模式[J]. 中国土地,2003(1):20-23.

⑦　何丹,吴九兴. PPP 模式农地整理项目的运作方式比较[J]. 贵州农业科学,2012(10):169-173.

⑧　吴九兴,杨钢桥,汪文雄. 基于 PPP 模式的农地整理项目合作机理[J]. 湖北农业科学,2012(16):3452-3457.

⑨　汪文雄,钱圣,杨钢桥. PPP 模式下农地整理项目前期阶段效率影响机理研究[J]. 资源科学,2013(2):341-352.

⑩　申树云. PPP 模式在土地整治融资中的应用研究——以上海市某土地整治项目为例[J]. 上海国土资源,2015(2):74-78.

适应环境变化的集成融资模式尚未展开探讨。从发展趋势看，BOT、TOT 和 PPP 等融资模式将日渐成熟并得到广泛运用，但其涉及面广、结构复杂，而土地整治作为一个政策性很强的新兴行业，还没有现成的融资实践经验。因此，急需对土地整治的融资模式及其集成展开深入探讨和研究，探寻一套完整、系统的融资模式。

2.3　土地整治融资理论基础

2.3.1　土地供求理论

（1）土地供求理论的主要内容。

土地是进行一切建设、生产、生活的必备自然资源。众所周知，土地具有的位置固定性、面积有限性、区域差异性、供给的稀缺性使其与一般商品不同。但土地作为商品也遵循市场供求规律，即地价上涨时，供给增加而需求下降；地价下跌时，供给减少而需求增加[1][2]。

当前，中国正在大力推进新型城镇化和农业现代化，试图通过城乡统筹发展解决城乡二元的发展问题。但土地的供需矛盾已经成为区域经济发展和新型城镇化的重要阻力，这主要是由中国"人多地少"这一土地供需矛盾的总体态势造成的。也就是说，要保障发展就需要大量的建设用地；要保障粮食安全就要严格控制占用耕地，保障耕地不减少。

在这种背景下，农村建设用地闲置浪费的现象却非常普遍。将这一部分土地利用起来，可为解决城乡发展用地问题提供新的思路。从土地供求理论角度看，农村建设用地闲置浪费影响了土地的经济供给，可以通过盘活农村存量土地，形成流量指标，用于城镇建设，满足其用地需求，并由用地方支付相应费用，从而增加城镇土地的经济供给。也就是说，通过农村建设用地整治，将农村建设用地和城市建设用地挂钩，从而扭转城镇土地经济供给格局，这就是目前的城乡建设用地增减挂钩政策的由来。

（2）土地供求理论对本研究的启示。

土地整治将未利用的土地或低效利用的农用地、建设用地整治复垦，同时，通过搬迁、建造安置房、统一配套基础设施，提高了农民的生产生活水平。可见，土地整治不仅增加了农用地的经济供给，还减少了建设用地对耕地的占用，利用

---

① 　蒋胜强.长沙市农村土地综合整治融资模式研究[D].长沙：湖南师范大学,2011.

② 　张腾飞.保定市农村土地整治融资模式研究[D].咸阳：西北农林科技大学,2013.

土地动态弹性供给,增加了土地的经济供给数量。土地整治不仅是对农村土地的整治,也是对城市建设的辅助,是城乡一体化建设的重要桥梁。因此,加大土地整治特别是农村建设用地整治力度,积极引导社会资本进入这一领域,有利于缓解城乡用地紧张的矛盾,促进城乡统筹发展。

2.3.2　地租地价理论

(1)地租地价理论的主要内容。

地租地价理论是土地经济学理论的重要组成部分。马克思将地租细分为垄断地租、绝对地租和级差地租三部分。[①] 级差地租又可分为因土地肥力和位置不同而产生的级差地租Ⅰ和因投资的生产率不同而产生的级差地租Ⅱ。

(2)地租地价理论对本研究的启示。

马克思的地租理论为土地整治集成融资模式的构建提供了理论依据。土地整治项目的潜在收益与特权使用许可,是吸引社会资本注入的基础,也是集成融资模式得以建立的根本。

土地整治可以有效增加耕地。通过农用地整治形成补充耕地指标,通过农村建设用地整治形成增减挂钩节余指标,这些指标可以用于缓解城市用地紧张的矛盾,这主要是由于级差地租的存在——城市用地(不管是住宅用地、工业用地还是商业用地)的价格,一般都高于土地整治的成本,从而可以通过建立指标交易平台,以有偿方式购买这些指标,形成公开转让、出让交易市场,为土地整治项目筹措充足资金。也就是说,土地整治项目可以通过增加级差地租来获得更多的收入,从而支撑土地整治融资。

2.3.3　区位理论

(1)区位理论的主要内容。

土地经济收益受区位因素的影响,这是区位理论的核心思想。区位因素对土地经济收益的影响体现在以下几方面:一是距离中心商业区越近,相对区位条件越好,土地的收益就越高;二是交通便利的地区,土地利用密度越高,产生的土地经济收益越高;三是投入大的区域,其使用价值越高,经济收益越高;四是集聚产生效益,集聚使企业形成互补的有机整体,从而可获得更高的收益。

(2)区位理论对本研究的启示。

在农用地整治中,配套沟渠路桥涵闸等基础设施,可加大农地投入,其使用价值随即增加,特别是通过土地流转,社会投资者可以形成规模经营,实现农业

[①]　毕宝德.土地经济学[M].8版.北京:中国人民大学出版社,2020.

现代化,从而大幅提高土地经济效益。另外,通过农用地整治增加的补充耕地指标,可以通过交易平台进行交易,其基本原理也是区位差异,即经济发达地区通过市场化手段向经济相对落后地区购置补充耕地指标,用于价值更高的土地用途。

在农村建设用地整治中,按照现行城乡建设用地增减挂钩政策,对于复垦后的建设用地指标,除满足安置区建设需求外,节余的建设用地指标可以形成流量指标,用于城市较好的区位的建设用地开发,以促进产业集聚和形成规模效益,从而使区位产生级差收益,为社会投资者获取高额回报奠定基础,这就是增减挂钩节余指标可以出售交易的重要原因之一,也是土地整治集成融资的基础。

2.3.4　博弈论

(1)博弈论的主要内容。

博弈论(game theory)是研究决策者在决策各方相互作用的条件下如何进行决策及有关这种决策的均衡问题的理论[①],其思想主要是参与各方的策略相互依存,各方在发生冲突或合作后所得到的损益得失结果不仅取决于自己所采用的策略,同时也依赖于其他各方所实施的策略。其精髓在于一个理性决策者要选择自己认为最理想的策略,必须考虑各方的反应。其类型包括合作博弈、非合作博弈、完全信息/不完全信息博弈、静态博弈和动态博弈。

(2)博弈论对本研究的启示。

土地整治融资中参与各方的利益分配是其核心问题,要分析各方之间的利益关系,可以采用博弈论,特别是其讨价还价理论。讨价还价过程被视为合作博弈的过程,本研究利用讨价还价模型分析利益相关者之间的风险分担关系,构建风险分担的最优组合模式。

2.3.5　公共产品理论

(1)公共产品理论的主要内容。

基于公共产品理论对准公共产品的定义,农用地整治属于准公共产品,原因如下:

第一,土地整治项目建设形成的沟渠路及指标等一般都属于农村公共产品的范畴。如,农用地整治完成后泵站等设施可以通过按照取水量区别收费的方式为村民提供服务,按照"谁用水,谁缴费"原则使用。在农村建设用地整治方面,农村拆旧地块整治后形成的增减挂钩节余指标,可以按照其与城市周边地块

---

①　侯光明.管理博弈论导论[M].北京:北京理工大学出版社,2010.

(建新地块)价值出让,获取出让金收入。因此,不论是农用地整治还是农村建设用地整治,它们都具有私人产品的可分割性。

第二,土地整治提供的"产品"表现为不完全竞争。农用地整治后,通常多一个农户使用不会导致运营成本增加,但用户大幅增加或超额使用(如农村道路超载)会导致农户不满。从农村建设用地整治看,其形成的增减挂钩节余指标一般由投资者(目前主要是地方政府)决定如何使用,如决定将其作为工业用地还是商住用地等。

第三,土地经营权转移、补充耕地指标交易、增减挂钩节余指标交易具有一定的排他性。但不能排除当地农民使用土地整治项目修建的农村道路等公共设施,也不能侵害农民的权益。因此,土地整治表现为不完全非排他性。

土地整治是一种公共基础设施建设,因此,其由政府主导,其经营服务也就形成了政府的垄断,具有一定的自然垄断性。土地整治修建的基础设施只能服务于特定区域,而不能任意用于其他区域,即具有特定性。土地整治的资金主要用于建设阶段,一旦建成并投入运营,在一定的产出范围内,其平均成本就基本趋向稳定,表现出明显的成本弱增性和突出的规模效益。

对于具有溢出效应的准公共产品,其费用不能完全靠私人支付或者由政府承担,这为土地整治融资采用集成融资模式提供了理论依据(图 2-1)。

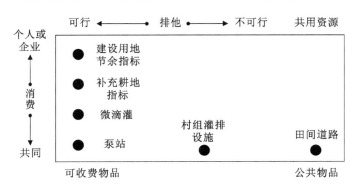

图 2-1　土地整治项目的排他性和消费特征

(2)公共产品理论对本研究的启示。

基于以上对公共产品理论的简述,土地整治作为可收费物品(土地整治中泵站取水、补充耕地指标、增减挂钩节余指标),可以通过指标交易,引入公私合作,形成互补,提升项目的可操作性和对市场的应对能力[①]。政府与社会投资者合

① 孙启鹏,丁海鹰.公路基础设施民营化问题研究[J].综合运输,2004(10):21-25.

作投资土地整治能发挥更积极的作用,如弥补政府资金的不足,提高资金使用效率,引入更先进的管理经营理念,分担风险。

同时,政府角色也将转变为计划、审查、监督;授予独家权利;为确保公共利益对价格(特别是拆迁补偿价格、增减挂钩节余指标的交易价格等)实施规制;绩效评价、融资信用支持等。当前已经有较多基础设施项目建设引入社会资本,采用了多种形式,为土地整治项目引入社会资本提供了现实依据(图2-2)。

图 2-2　公私合作类型连续体

2.3.6　委托代理理论

(1)委托代理理论的主要内容。

委托代理理论是制度经济学契约理论的主要内容之一[①],它是基于非对称信息博弈论发展起来的。由于技术或专业差异所处环境不同,企业或项目当中的某些人能够获取到一些信息,而另一些人却无法获取该信息,从而形成信息非对称。由于信息不对称的存在,委托代理的合同协议通常是不完全的,这就隐含着代理风险,代理人有可能会偏离委托人的目标要求,甚至会损害委托人的利益,这就是代理人问题。

为解决代理人问题,委托人通常通过采取适当的激励措施、监督措施,来约束代理人的行为,从而使两者的目标尽可能地保持一致。经济学上,解决这类问题的方法大致有三种:一是建立选聘机制,二是建立激励机制,三是建立约束机制。

(2)委托代理理论对本研究的启示。

土地整治项目具有准公共产品属性,具有明确的公益性目标,通常需要由政府主导。为了解决资金不足、投入产出不对等、资金分散等问题,引入社会资本势在必行。建立融资机制后,通常由社会投资者进行投资、建设、运营,由此产生了委托代理关系。

土地整治项目本属于政府投资的公益项目,因此,政府在项目实施过程中本

---

① 陈贵松.森林公园利益相关者共同治理研究[D].北京:北京林业大学,2010.

身就以代理人的角色存在。引入社会资本之后,政府与社会投资者之间又形成了新的委托代理关系,这样在土地整治项目融资中,就存在双层多级委托代理关系,不可避免地会产生代理问题。因此,在融资制度设计中,应建立适当的合作约束机制,适当简化委托代理链条,明确委托人和代理人即政府和社会投资者之间权、责、利的关系,从而降低代理成本。

2.3.7　利益相关者理论

(1)利益相关者理论的主要内容。

“利益相关者”最初指那些没有支持,组织就无法生存的群体,包括股东、雇员、顾客、供货商、债权人和社会。国内学者把利益相关者分为三类:第一类最为宽泛,即凡是能影响企业活动或被企业活动影响的人或团体都是利益相关者;第二类稍窄,即与企业有直接关系的人或团体才是利益相关者,这一定义排除了政府部门、社会组织及社会团体等;第三类最窄,只有在企业中下了“赌注”的人或团体才是利益相关者,用经济学的语言来表述,即在企业中投入了专用性资产的人或团体才是利益相关者[①]。

从以上定义不难看出,不仅企业存在利益相关者,任何一个组织都有利益相关者。随着研究的深入,利益相关者理论已经在投资项目、公共项目当中得到了拓展和应用。

(2)利益相关者理论对本研究的启示。

利益相关者理论系统地将外界环境纳入组织的考虑之中,拓宽了利益相关者的范畴,综合考虑利益主体的行为,促进组织有效发展。由于土地整治具有复杂性和综合性,需要从人文视角剖析土地整治系统,改变已有的政府包揽的项目实施方式,促进项目目标的实现。将利益相关者理论引入土地整治,可以拓宽视野,综合考虑其内部因素、外部因素,真正关注项目利益相关者的利益诉求,确保利益相关者拥有平等参与项目的决策机会,通过机制构建约束相关主体的行为,提升项目建设效果[②]。

由于土地整治项目融资具有复杂性、动态性、综合性,需要从社会管理的角度剖析土地整治融资的系统体系,分析各利益相关者的利益诉求,促进项目目标的实现。这对于保障农户权益、确保利益相关者拥有平等参与项目的决策机会具有重要的意义,进而可使融资效果和建设效果更加显著。

---

① 陆晓春.基于项目治理的代建项目成功因素研究[D].天津:天津大学,2008.
② 郑华伟.农村土地整理项目绩效的形成、测度与改善[D].南京:南京农业大学,2012.

2.4　土地整治投融资现状及未来实施方向

2.4.1　土地整治投融资现状

(1)农用地整治投融资情况。

从投资主体来看,农用地整治主要为政府财政投资,资金主要来源于新增建设用地土地有偿使用费、耕地开垦费、土地复垦费、用于农业土地开发的土地出让金以及各类涉农资金等政策性资金。各地也在逐步探索抵押融资、引入社会资本等农用地整治投融资方式,资金来源和融资多元化在实践中也逐步取得一定突破,如上海逐步探索引入 PPP 模式。然而,当前农用地整治依然主要依靠政府投资,投融资渠道仍旧单一。由于各种原因,社会资金占比仍然很低,尚未建立起有效的融资机制,导致农用地整治投入不足,补充耕地的压力较大,提升耕地质量、建设高标准农田的难度加大。另外,由于存在资金使用效率较低、投入与产出不对等、资金分散和效率低下等难题[①],不能真正做到"好钢用到刀刃上",甚至出现截留、挪用、贪污和浪费资金等现象[②]。

(2)农村建设用地整治投融资情况。

与农用地整治项目相比,农村建设用地整治项目所需资金更多,主要包括农民住房的拆旧安置补偿、原宅基地复垦以及安置房及其公共设施建设等方面的投入,这些投入往往数额巨大,目前也没有专项资金支持。这类项目如果完全由政府主导,往往会出现资金难以平衡[③],需要引入市场机制。如江苏省实施的万顷良田建设工程,其中部分项目区采用了"政府+市场"的模式筹集资金,首先由政府预先配套部分启动资金,不足部分再由社会投资者向银行申请贷款进行融资,把形成的增减挂钩节余指标作为还款的主要来源。再如重庆"地票"交易,即将农村建设用地整治形成的"地票"进行公开交易,其收益由土地交易所交给土地整理公司,再由土地整理公司发放给农民。这些有益探索的总体思路是引入市场机制,这为农村建设用地整治拓展了资金来源。

①　顾守柏,刘伟.当土地整治遇上 PPP,看上海怎么做[N].中国国土资源报,2015-10-09.

②　余潇枫,魏志江.非传统安全蓝皮书:中国非传统安全研究报告(2013~2014)[M].北京:社会科学文献出版社,2014.

③　王婷.城乡建设用地增减挂钩制度创新研究[D].南京:南京农业大学,2012.

2.4.2　土地整治新特征与新任务

土地整治作为补充耕地，保障耕地数量不减少、质量有提高的基础公益项目，已经成为促进城乡统筹发展、推进新型城镇化和农业现代化的重要举措，其具有以下新的经济技术特征和功能：

一是内容全面、涉及全域。当前的土地整治是对区域内的全部土地进行整治，不仅包括对田、水、路、林的综合整治，还包括村庄、安置小区的建设，其实施不再是单纯一个项目的实施，而是需要对全区域进行规划，其目标是建设与城镇同样便利但风貌有别的现代农村。因此，农民个人、集体经济组织是土地整治重要的参与方，土地整治投融资需要尊重农民的意愿。

二是设施配套、结合统筹。当前的农用地整治完善了农业基础设施，成为发展规模农业和现代农业的基础手段；农村建设用地整治是优化农村村庄、工矿布局的重要方式，需要统筹考虑，完善居住生活基础设施。

三是结构优化、盘活存量。以城乡建设用地增减挂钩项目为核心的农村建设用地整治通过城乡建设用地空间整合，优化土地利用结构，盘活存量建设用地，用于城乡建设。一方面，耕地保护政策的限制和当前社会经济发展占用耕地的必然需求，导致土地整治将是中国未来多年的需求；另一方面，中国城市建设用地紧缺和农村村庄占地面积过大之间的矛盾，以及农村建设用地资金不足与需求旺盛之间的矛盾较为突出。

在新的历史时期，土地整治在内涵上逐步由以增加耕地数量为主向耕地数量质量并重转变。土地整治已经成为保护耕地、缓解城乡用地矛盾、统筹城乡发展的重要举措，被赋予了新的目标和任务，其目标和任务可以概括为盘活存量土地、优化土地流量、协调区域关系、构建新型人地关系以及协调人人关系[1]（图 2-3）。

如上所述，当前土地整治的性质和定位已经发生了根本性变革，土地整治已经成为统筹城乡发展的重要举措，上升为国家战略，但其资金缺口仍然很大。一些地方提出将土地整治作为统筹城乡发展的重要抓手，但在实践中却出现了因地方政府配套的搬迁补偿资金难以得到落实而搁浅的情况。也就是说，受财政收入和地方债务收紧限制，仅靠地方财力和传统发债已不能满足土地整治的资金需求。

随着对土地整治的认识和实践的不断深入，当前的土地整治项目不仅是提高耕地数量和质量的手段，也逐步成为推进农业现代化的载体，成为在新型城镇

---

[1]　刘海楠.土地整治促进区域经济协调发展的机制及路径研究[D].北京：首都经济贸易大学，2014.

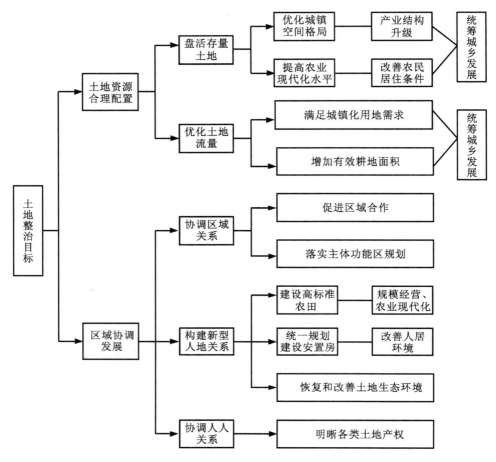

图 2-3　土地整治的新目标和任务

化中缓解城乡用地矛盾、统筹城乡发展的重要举措。如原国土资源部试点的城乡建设用地增减挂钩项目和"万村整治"示范工程项目,江苏省试点的万顷良田建设工程、规模整治项目、同一乡镇范围内村庄建设用地布局调整项目,浙江省的"千村示范万村整治"工程项目等,土地整治的内涵已经得到极大拓展,这些工程或项目都需要大量资金的投入。土地整治的功能也已经发生转变,土地整治成为当前扩内需、稳增长、惠民生的重要举措。通过土地整治,可以有效改善农村基础设施、公共服务设施和人居环境,促进城乡公共服务均等化,拉动农村投资和消费需求①。可见,土地整治作为统筹城乡发展的新举措,其力度将会逐年

---

①　赵丽.聚焦土地整治:污染不容乐观 利用效率普遍不高[N].法制日报,2015-06-26.

增加,对资金的需求也会日益增长。

2.4.3 土地整治融资特征及要求

基于土地整治项目固有的经济技术特点和经济属性,结合土地整治新特征,可将土地整治项目的融资特征及其应满足的相应要求归纳如下:

(1)投资较为密集,政府需要对项目拥有控制权。

土地整治是资金密集型项目的典型代表,其本身具有一定的工程技术标准和科技含量,涉及的利益相关方较多,对人力资源、施工设施等的要求较高;同时,土地整治项目本身的管理成本、融资成本、风险成本高,特别是农村建设用地整治还涉及搬迁和安置房建设,投资十分巨大。2021 年 8 月,《国务院关于全国高标准农田建设规划(2021—2030 年)的批复》明确指出:"到 2022 年建成高标准农田 10 亿亩,以此稳定保障 1 万亿斤以上粮食产能;到 2025 年建成 10.75 亿亩,并改造提升现有高标准农田 1.05 亿亩,以此稳定保障 1.1 万亿斤以上粮食产能;到 2030 年建成 12 亿亩,并改造提升现有高标准农田 2.8 亿亩,以此稳定保障 1.2 万亿斤以上粮食产能。"按照《全国高标准农田建设规划(2021—2030 年)》,截至 2020 年年底全国已完成 8 亿亩高标准农田建设任务,即到 2025 年和 2030 年分别尚需建设 2.75 亿亩和 4 亿亩。根据该规划要求的"亩均投资一般应逐步达到 3000 元左右"计算,到 2025 年所需投资资金将达 8250 亿元,到 2030 年将达 12000 亿元,这还不包括部分已建成的高标准农田因工程不配套、设施损毁等需改造提升的费用,这么巨大的投资,仅凭财政资金难以全额负担,引入项目融资模式势在必行。

然而土地整治项目不同于一般建设项目,土地整治直接涉及农民个人的权益,特别是拆迁、安置等,这些举措是对公民财产权的强制性处置,只能由政府实施,不能由企业操作。因此,融资模式应具有可操作性,同时政府需要对项目拥有控制权。

(2)先期投资较大,资金回收有滞后性。

与其他基础设施一样,土地整治项目投资的一大特点就是建设周期长,一般短则 2~3 年,长则 5~6 年,在建成之前没有任何回报。从农村建设用地整治的收益来看,出让增减挂钩节余指标调剂费、增减挂钩出让地块收益返还资金等政策性资金占项目投资资金来源的 80%~90%[①],而这类资金存在一定的时间滞后性,但项目前期需要投入大量资金用于搬迁、补偿、安置,而这部分收入要在基

---

① 顾守柏,刘伟,夏菁. PPP 模式在上海土地整治中的运用[J]. 中国土地,2015(9):43-46.

础配套设施建成后进行土地出让才能获取。同样,作为农用地整治主要收入来源之一的种养殖收益,与投入相比一般较低,还受自然条件和市场状况的影响,使得土地整治投资回报具有很强的延迟性。可见,不管是农用地整治还是农村建设用地整治,先期投入的资金都需要先行支付。因此,在选择融资方式时,应保证能及时获取资金。

(3)市场筹资机制有待健全。

当前,有些地方虽然对土地整治市场筹资进行了有益探索,但仍处于摸索阶段,还没有形成较好的制度体系,模式创新有待进一步加强,市场筹资所需的指标交易制度也尚未建立。一些地方如江苏、安徽对补充耕地指标市场化交易进行了有益探索,但其市场机制仍未全面建立,其成交对象也主要是地方政府,要真正发挥其市场作用,需要建立以企业(用地单位)为核心的市场化交易平台。对于增减挂钩节余指标交易,各地的探索也尚局限在县域范围内。

2.5　本章小结

当前,土地整治的发展速度越来越快,所需投入也越来越大,但目前仍以政府财政投入为主,不能填满日渐扩大的资金缺口。新时期土地整治出现了新特征,如内容全面、涉及全域,设施配套、结合统筹,结构优化、盘活存量。其融资也出现了新特征,如投资较为密集,政府需要对项目拥有控制权;先期投资较大,资金回收有滞后性;市场筹资机制有待健全。这些都需要建立 BOT、TOT 和 PPP 等多元化的投融资体系。

第3章 集成融资必要性、可行性与优势分析

本章在分析近年土地整治投融资现状的基础上,指出土地整治项目融资特征及其要求;阐述现代较为典型的项目融资模式即 BOT、TOT、PPP 模式,以及其应用于土地整治项目的局限性;从土地整治项目的经济属性、三种典型融资模式的互补性两个角度阐述土地整治集成融资的可行性,总结集成融资模式的优势。

3.1 项目融资相关概念界定

3.1.1 项目融资

项目融资有广义和狭义两种概念。从广义上讲,项目融资包括一切金融活动;从狭义上讲,项目融资就是将项目的资产、预期收益或者相关权益作为抵押,获得无追索权或有限追索权的融资或贷款活动。本书中提及的项目融资仅指狭义上的概念。

随着国内外项目融资模式的发展和应用,一些学者提出在土地整治的不同情况下可使用 BOT 模式、BT 模式、PPP 模式、土地基金和资产证券化等模式募集资金。土地整治引入项目融资模式,实质上就是"权益换推进",即地方政府将特许经营权和收益权给予社会投资者,以此获取资金来推进土地整治。这些模式中较为典型且应用较广的是 BOT、TOT、PPP 三种模式。本书主要概述有代表性的 BOT、TOT、PPP 等模式。

3.1.2 BOT 融资模式

BOT(Build-Operate-Transfer,建设-经营-转让)模式,是社会投资者参与土地整治的一种形式,即政府机构与社会投资者通过建立"伙伴"关系,从而共同分担该项目的资源、风险和利益,实现互惠互利的一种融资方式。土地整治项目融资采用 BOT 模式是指运用市场手段,通过 BOT 融资的方式,由社会投资者运作和承担风险,政府最终验收的一种资金筹集模式。

从组织结构来看,在 BOT 融资模式中,由项目发起人(投资者)通过投标等方式从地方政府手中获取土地整治项目的特许经营权,然后独自或与政府共同

组成项目公司,由项目公司负责整个土地整治项目的投融资、农户搬迁安置、农村建设用地复垦、农用地整治和项目实施后的运营管理。项目公司通过政府给予的政策优惠(如补充耕地指标、增减挂钩节余指标交易)以及双方约定的运营收益来回收资金用以还贷,经营期满后无偿将项目移交给政府。在此模式下,项目发起人通常要求地方政府保证其最低收益率,一旦指标交易收益或特许经营期内的收益无法达到该约定标准,地方政府应给予其特别补偿[①]。

BOT 模式中有较多的参与者,主要包括地方政府;土地整治项目的发起人,即项目的投资人;土地整治项目公司,即直接承办农村建设用地整治或农用地整治等具体项目的公司;借贷机构,即项目的债权人;土地整治项目的运营单位,即项目实施后,负责整治后农用地的经营、补充耕地指标和增减挂钩节余指标的经营、安置房附带商品房开发、城郊留用区土地开发等的单位;服务接受者,即土地承包农户或土地统一经营者、建设用地指标使用者。另外,还有项目规划设计编制单位、测量清查单位、监理施工单位等。以上众多参与者之间既有相互合作的动力,又有相互制衡的矛盾,他们之间的协作关系是否顺畅直接关系项目的成败。而对其关系起核心作用的是特许权经营协议。

BOT 项目融资的运行程序如下[②]:

①确立项目:地方政府作为项目的主导者和决策者,应首先进行选址、可行性研究,选择并确定合适的 BOT 方式。②招投标:按照法律规定的招标程序,地方政府(或其授权的专业部门、机构)确定项目合作投资者(项目股东),并与之签订合作协议(主要是特许权协议)。③成立项目公司:投资者根据协议,独自成立或与地方政府合作成立项目公司,项目公司作为一个经济实体,负责具体项目的实施。④项目融资:投资者依据特许权协议向银行等金融机构申请融资,筹集项目所需资金。⑤项目建设:由项目公司依据相关法规和规程负责项目的规划、设计、施工,并通过上级政府组织的验收。⑥运营管理:由项目公司负责项目实施后的运营管理,并把整治后农用地经营、补充耕地指标和增减挂钩节余指标经营、安置房附带商品房开发、城郊留用区土地开发的盈利作为偿还贷款和投资者合理收入的资金来源。⑦项目移交:特许经营期满后,项目公司将项目移交给政府,并将所有固定资产全部无偿移交给政府。

项目收益是 BOT 融资模式运作的核心,该模式有利于分散项目建设的风

① 聂国平.农村水利工程建设 BOT 模式可行性研究[J].安徽农业科学,2012,40(30):15043-15044.

② 杨志荣,鲍海君,姚秋萍.基于 BOT 的欠发达地区新农村基础设施建设融资模式研究[J].生产力研究,2010(12):42-44.

险,适用于能带来显著经济收益的经营性项目。

3.1.3　TOT 融资模式

TOT(Transfer-Operate-Transfer,移交-经营-移交)模式,指企业、个人等社会投资者参加土地整治建设、经营,共享收益的新型模式。地方政府在特定期限(即特许经营期)内,把已经实施完成的土地整治项目(农村建设用地整治或农用地整治)有偿移交(T)给社会投资者经营(O),整治后农用地经营、补充耕地指标和增减挂钩节余指标经营、安置房附带商品房开发、城郊留用区土地开发等的收益归社会投资者所有;而社会投资者需要一次性支付给地方政府一笔资金,由地方政府用于偿还土地整治项目建设投资的贷款或开展新的土地整治项目;特许经营期满后,社会投资者再把项目无偿移交(T)给地方政府。

从组织结构来看,TOT 模式不同于 BOT 模式,TOT 模式实施过程中不涉及项目建设期,且有能够盘活现有资产的优势。TOT 模式从 20 世纪 90 年代兴起后,便吸引社会资本进入项目建设领域,并迅速得到政府和社会资本的广泛关注。土地整治项目引入 TOT 模式,建设阶段与以前的项目操作相同,由政府负责规划、设计以及搬迁、复垦、整理,到运营阶段社会投资者才进入项目,因此社会投资者承担的风险较小,获得的投资收益也自然较 BOT 模式低。特别是在当前中国农村建设用地整治政策不完全明朗且市场经济体制还不是特别健全的情况下,土地整治 TOT 模式可操作性更强,也更加符合当前的政策要求(如拆迁应由政府负责,而不能交由企业负责),因为土地整治 TOT 模式实施时只关乎项目经营权的转让,不涉及其他权力的转让,在一定程度上消除了不必要的矛盾和冲突。

TOT 模式由于只涉及运营阶段,运行程序也较为简便[①]。首先,由地方政府对农村建设用地地块或农用地整治区域按照正常程序进行投资整治,达到预期整治目标,所需资金由地方政府垫付或者向银行等金融机构融资。项目实施后,地方政府通过招标等方式引入社会投资者。社会投资者一次性支付一笔资金给地方政府,由地方政府用于偿还原有贷款或开展新的土地整治项目。社会投资者同时获得补充耕地指标和增减挂钩节余指标经营、安置房附带商品房开发、城郊留用区土地开发等的收益或一定期限的农用地整治经营收益权。特许经营期满后,社会投资者无偿将项目移交给地方政府。

---

①　冯宁宁. TOT 模式在我国铁路项目融资中的应用[J]. 铁道经济研究,2006(5):42-46.

3.1.4　PPP 融资模式

PPP（Public-Private Partnership，公私合作关系）模式，即地方政府与社会投资者合作的新型投融资形式，是指地方政府、营利性企业或个人等社会投资者共同对土地整治项目进行投资建设，并形成一种相互合作关系[①]。参与各方风险共担，即参与各方共同承担项目实施责任、投融资风险和收益。在 PPP 模式下，政府可以提供政策支持（指标交易权、种养殖收益权、土地开发权等）并将其作为投资补偿，提高投资人参与土地整治项目的积极性。

与 TOT 模式相比，PPP 模式的组织结构相对复杂，参与各方之间由于利益差异，不可避免地会产生各种分歧。在实际操作中，PPP 模式不需要对原有项目管理格局进行更改，不过其对原有组织机构的设置、管理运营模式提出了一种新的理念，以实现项目全生命周期风险最小化或利益最大化。

土地整治项目引入 PPP 模式时，可以由地方政府通过招标形式确定有实力的社会投资者，地方政府与中标的社会投资者共同组成项目公司，负责筹资、建设与经营，并获得合理利润，地方政府与社会投资者签订特许权协议。融资时，地方政府可以与提供贷款的金融机构签订一份直接协议，作为地方政府向借贷机构做出的承诺，承诺地方政府会按照其与项目公司签订的费用合同支付相关费用。签订直接协议的意义在于帮助项目公司顺利地获得银行贷款，当然，该直接协议并不是一个贷款协议，而仅是一个承诺。PPP 模式涵盖项目融资的完整过程，实施中需要重新组合地方政府和社会投资者之间的关系，合理配置权力，形成良好环境。地方政府与社会投资者之间的合作关系是土地整治 PPP 模式的一个最显著的特点，也是项目成败的关键因素。

土地整治项目引入 PPP 模式的优势是参与土地整治项目融资的社会投资者可以在项目的前期就参与到项目中来，从而能节约一些投标费用，而且能使社会投资者更加熟悉项目情况。因此，PPP 模式更加便于政府部门监管、调控。同时，地方政府对土地整治项目没有完全放弃所有权、经营权和管辖权，因此，可解决农用地整治项目所涉及的农民利益问题和农村建设用地整治项目所涉及的拆迁、安置以及规划设计中的问题。

PPP 项目融资的运行程序如下[②]：

---

①　刘志强，郭彩云. 基础设施建设项目引入 PPP 融资方式探讨[J]. 建筑经济，2005(6):40-42.

②　毛燕玲，傅春. PPP 融资模式在农村水电开发中的应用研究[J]. 中国农村水利水电，2009(12):138-140.

①选择投资者：地方政府选择有实力的企业、个人等社会投资者，与之签订特许权协议。②共同确立项目：地方政府和社会投资者合作，从项目的选址、立项论证到项目的确认、规划设计，双方共同参与和完成项目的前期工作。③成立项目公司：地方政府和社会投资者共同组织成立项目公司，按照合同约定履约。④项目融资：项目公司负责项目融资，但地方政府可以作为担保人，因为有了地方政府的担保能减少投资者风险，进而缓解融资的压力。⑤工程招投标。⑥项目建设。⑦运行管理。⑧项目移交。

综上所述，三种主要融资模式的特点可以概括如下：

BOT（Build-Operate-Transfer，建设-经营-转让）模式是指社会投资者参与公共基础设施的投资、融资、建设和维护，缓解政府投资压力。特许经营权协议允许社会投资者在特许经营期内，向用户收费或出售产品，开展经营，以偿还贷款。待特许经营期满，社会投资者将该基础设施无偿或有偿移交给政府。

TOT（Transfer-Operate-Transfer，移交-经营-移交）模式是 BOT 融资方式的新发展。与 BOT 模式不同，TOT 模式指社会投资者一次性购买政府已经建成的项目一定年限（特许经营期）的经营权，并签订协议，社会投资者在协议期内运营该项目并获取利润，到期后转交给政府[①]。

与 BOT 模式相比，PPP（Public-Private Partnership，公私合作关系）模式的主要特点是：政府和企业合作开展基础设施项目，在项目的前期可行性研究、立项阶段，社会投资者参与更深；在运营阶段，政府也积极参与。在项目进程中双方都是全程参与，合作的时间更长，信息交流更充分。

3.1.5　BOT-TOT-PPP 集成融资模式

土地整治项目 BOT-TOT-PPP 集成融资模式（简称"集成融资"）就是根据土地整治项目融资环境的变化，通过将 BOT、TOT、PPP 三种融资模式组合使用，或者通过对某一种模式进行结构重组，综合集成各种模式的优点，形成一种新的项目融资结构，使运作模式与项目融资环境相适应，将风险降到最低，最大限度获得项目收益。集成融资模式就是根据"政府主导，权力制衡"原则，创新BOT、TOT、PPP 模式，实现土地整治项目引入社会资本[②]。

---

①　刘江艳，邵银生，张素芳.电力工业 TOT 融资方式亟待规范[J].电力建设，1998(7)：43-45.

②　王艳伟，王松江，潘发余.BOT-TOT-PPP 项目综合集成融资模式研究[J].科技与管理，2009(1)：44-49.

3.2　项目融资模式研究现状

在社会经济发展过程中,世界各国都在寻求加快经济发展的有效途径,而建设资金短缺是社会经济发展中各国都要面临的问题。项目融资是解决建设资金短缺的一种新途径,世界各国尤其是发展中国家采用项目融资卓有成效,之后其被频繁地用于工程项目建设之中[①]。

项目融资最早应用于资源开发,目前,其应用已经相当普遍,涉及建设、海水淡化、光伏等再生能源、农村发展、海滩开发等行业[②③④⑤⑥⑦],极大地推动了社会经济的发展,其特征表现为资金来源广、期限长、政府介入少[⑧]。项目融资首次在中国被运用是在 20 世纪 80 年代中期,深圳沙角火力发电厂使用有限追索权融资方式。此后,相继出现了一系列的融资模式,最常见的是 BOT 模式、TOT 模式、PPP 模式等。

(1)BOT(Build-Operate-Transfer,建设-经营-转让)模式,即政府或其授权机构,对某个建设工程项目,通过合同约定并授权的办法,允许社会投资者进行融资、投资、建设、运营、维护,该社会投资者按协议在规定时间内获得收益,同时承担相应的风险。政府或其授权机构在其间主要是对该项目进行监督、调控。期满时,社会投资者将该项目转让给政府或其授权机构。该模式适用于一些初

---

①　ANGOUA P, LAI V S, SOUMARÉ I. Project risk choices under privately guaranteed debt financing[J]. The quarterly review of economics and finance,2008,48(1):123-152.

②　LEE C W,ZHONG J. Financing and risk management of renewable energy projects with a hybrid bond[J]. Renewable energy,2015,75(3):779-787.

③　LIEBREICH M. Financing RE:risk management in financing renewable energy projects[J]. Refocus,2005,6(4):18-20.

④　DAVID A K,FERNANDO P N. The BOT option:conflicts and compromises[J]. Energy policy,1995,8(8):669-675.

⑤　LÜDEKE-FREUND F,LOOCK M. Debt for brands:tracking down a bias in financing photovoltaic projects in Germany[J]. Journal cf cleaner production,2011,19(8):1356-1364.

⑥　MONROY C R, HERNÁNDEZ A S S. Main issues concerning the financing and sustainability of electrification projects in rural areas:international survey results[J]. Energy for sustainable development,2005,9(6):17-25.

⑦　姚璐.项目融资发展综述[J].科技情报开发与经济,2007(4):139-141.

⑧　HOFMANN M,KHATUN K. Facilitating the financing of bioenergy projects in sub-Saharan Africa[J]. Energy policy,2013,52(1):373-384.

期不能盈利而未来却有一定的收益或者有盈利能力的项目。BOT 模式对于政府而言,起到了节约成本、降低风险的作用,有利于吸引社会资本投资建设项目[①]。

当前,中国 BOT 模式的研究和实践成果非常丰富,除了传统的交通、能源、通信等土地整治建设领域[②],旅游业、科技园建设以及矿山治理等适用领域越来越多,如李岩峰将其引入森工企业融资[③];张清军等探讨了在采煤塌陷地复垦中应用 BOT 融资的要点[④];杨志荣等[⑤]、杨培涛等[⑥⑦]、聂国平[⑧]探讨了在水利工程建设等领域 BOT 模式的可行性与投资方案;高殿松等[⑨]、王耀华等[⑩]探讨了矿山环境治理、国家大学科技园建设中 BOT 融资模式的应用;董志文等[⑪]、王林秀等[⑫⑬]、赵艳等[⑭]

[①]　KUMARASWAMY M M, ZHANG X Q. Governmental role in BOT-led infrastructure development[J]. International journal of project management, 2001, 19(4): 195-205.

[②]　WEI C H, CHUNG M C. Transportation BOT schemes for public and private sector financing scenario analysis: the experience in Taiwan[J]. IATSS research, 2002, 26(1): 60-70.

[③]　李岩峰. 引入 BOT 模式解决黑龙江国有林区森工企业融资瓶颈[J]. 林业经济问题, 2008, 28(1): 69-72.

[④]　张清军, 鲁俊娜. BOT 融资及其在唐山市采煤塌陷地复垦中的应用[J]. 安徽农业科学, 2008, 36(33): 14731-14732.

[⑤]　杨志荣, 鲍海君, 姚秋萍. 基于 BOT 的欠发达地区新农村基础设施建设融资模式研究[J]. 生产力研究, 2010(12): 42-44.

[⑥]　杨培涛, 陈石清, 陈娟芬, 等. 农业企业应用 BOT 模式的投资方案设计研究[J]. 特区经济, 2011(7): 165-167.

[⑦]　杨培涛, 陈石清, 陈娟芬. 农业基础设施建设中企业运用"建设-经营-转让"模式的博弈策略研究[J]. 生态经济, 2012(1): 141-143.

[⑧]　聂国平. 农村水利工程建设 BOT 模式可行性研究[J]. 安徽农业科学, 2012, 40(30): 15043-15044.

[⑨]　高殿松, 蒲含勇. BOT 在矿山环境治理中的应用[J]. 中国矿业, 2011(S1): 137-139, 150.

[⑩]　王耀华, 赵志燕, 谢娇玲, 等. 国家大学科技园建设中的 BOT 模式研究[J]. 福州大学学报(哲学社会科学版), 2011(3): 18-26.

[⑪]　董志文, 张凤霞. 景区开发应用 BOT 模式的风险控制研究[J]. 中国海洋大学学报(社会科学版), 2012(6): 44-48.

[⑫]　王林秀, 张莉娜. 基于 BOT 模式的大洞山新农村旅游基地运营体系构建[J]. 安徽农业科学, 2011, 39(15): 9257-9259.

[⑬]　王林秀, 宫明杰, 王丽娜. 基于 BOT 模式的大洞山乡村旅游建设项目风险分析及对策研究[J]. 生态经济(学术版), 2012(2): 219-222, 228.

[⑭]　赵艳. BOT 模式运作下乡村生态旅游项目的发展路径研究——以重庆市为例[J]. 中国农业资源与区划, 2016, 37(10): 39-44.

将 BOT 模式应用于旅游业；杨洋[①]将 BOT 模式与构建农村旅游基地运营管理体系进行有机结合。当然也不难发现，中国对 BOT 模式的应用，还存在阻碍因素[②]，如周昌仕等指出在 BOT 实践中存在制约制度优势发挥的协同治理困境[③]；吴涛等对 BOT 模式进行了评价评级[④]。

　　BOT 利益共享机制与特许权方面：应用 BOT 最核心的问题是合理制定其利益共享机制，即合理确定特许权，并给予一定的收益承诺[⑤][⑥][⑦]，否则会产生冲突。Jing Zhou 等[⑧]、叶苏东[⑨]、赵立力等[⑩]、高华丽等[⑪]对道路、轨道交通收费定价、公租房租金的控制策略、项目调节基金进行了分析。Yi Yang 等[⑫]、龚利等[⑬]、高丽峰

①　杨洋. BOT 模式下对构建农村旅游基地运营管理体系研究[J]. 农业经济，2014(11)：66-67.

②　CHEN C, DOLOI H. BOT application in China：driving and impeding factors[J]. International journal of project management，2008，26(5)：388-398.

③　周昌仕，李超龙. 基于 SFIC 模型的 BOT 协同治理困境及改进策略[J]. 建筑经济，2021，42(2)：41-45.

④　吴涛，陈勇，姜娟. BOT 模式城市隧道项目中期评估方法的研究[J]. 隧道建设（中英文），2021，41(5)：789-794.

⑤　TIONG R L K, ALUM J. Financial commitments for BOT projects[J]. International journal of project management，1997，15(2)：73-78.

⑥　谭志加，杨海，陈琼. 收费公路项目 Pareto 有效 BOT 合同与政府补贴[J]. 管理科学学报，2013，16(3)：10-20.

⑦　叶苏东. 城市垃圾焚烧发电 BOT 项目的偿付机制[J]. 北京交通大学学报（社会科学版），2014，13(4)：25-30，74.

⑧　ZHOU J, CHEN X G, YANG H W. Control strategy on road toll pricing under a BOT scheme[J]. Systems engineering—theory & practice，2008，28(2)：148-151.

⑨　叶苏东. BOT 模式开发城市轨道交通项目的补偿机制研究[J]. 北京交通大学学报（社会科学版），2012(4)：22-29.

⑩　赵立力，游琦. 高速公路 BOT 项目调节基金决策机制研究[J]. 管理工程学报，2013，27(3)：81-86.

⑪　高华丽，闫建. BOT 模式下公租房租金定价研究[J]. 价格理论与实践，2015(1)：58-60.

⑫　YANG Y, GUO M L, HU W X. Effect of diversification of operation cost on infrastructure BOT project investment decision and analysis of option game[J]. China population, resources and environment，2007，17(2)：32-35.

⑬　龚利，郭菊娥，张国兴. 基础设施 BOT 项目特许权期的谈判博弈模型[J]. 统计与决策，2008(4)：153-155.

等①、王利明等②、张俊生等③、余群舟等④、张静等⑤、鲍海君等⑥⑦、Emmanuelle Auriol 等⑧、宋金波等⑨⑩⑪⑫采用不同的博弈方法建立政府与项目公司之间的特许权期的决策模型,认为政府可以通过适当条款激励项目公司。宋金波等⑬⑭⑮⑯、赵立力等⑰、

---

①　高丽峰,戴大双,沈涛. 基于委托-代理理论的 BOT 项目特许期研究[J]. 科学学与科学技术管理,2008(8):140-144,155.

②　王利明,刘方强,代建生. 公共租赁房 BOT 融资模式的博弈决策分析[J]. 经济问题探索,2011(9):42-45.

③　张俊生,王广斌. 分期 BOT 项目期权定价特许权期的决策模型与分析[J]. 同济大学学报(自然科学版),2012,40(9):1434-1438.

④　余群舟,陈海滨. 基于动态博弈的垃圾焚烧发电 BOT 项目特许权期决策模型[J]. 土木工程与管理学报,2012,29(2):63-67.

⑤　张静,徐进,刘继才. BOT 项目特许权期公平性博弈研究[J]. 城市发展研究,2011,18(6):89-93.

⑥　鲍海君. 基础设施 BOT 项目特许权期决策的动态博弈模型[J]. 管理工程学报,2009(4):139-141,147.

⑦　鲍海君,申立银,吴宇哲. 基础设施 BOT(build-operate-transfer)项目特许权期决策的 Bargaining 博弈模型[J]. 浙江大学学报(理学版),2010,37(2):160-165.

⑧　AURIOL E,PICARD P M. A theory of BOT concession contracts[J]. Journal of economic behavior & organization,2013,89(5): 187-209.

⑨　宋金波,党伟,孙岩. 公共基础设施 BOT 项目弹性特许期决策模式——基于国外典型项目的多案例研究[J]. 土木工程学报,2013(4):142-150.

⑩　宋金波,宋丹荣,谭崇梅. 垃圾焚烧发电 BOT 项目特许期决策模型[J]. 中国管理科学,2013(5):86-93.

⑪　宋金波,王若宇,宋丹荣. 高速公路 BOT 项目特许期决策模型[J]. 系统工程,2014(2):91-97.

⑫　宋金波,靳璐璐,付亚楠. 公路 BOT 项目收费价格和特许期的联动调整决策[J]. 系统工程理论与实践,2014(8):2045-2053.

⑬　宋金波,宋丹荣,富怡雯,等. 基于风险分担的基础设施 BOT 项目特许期调整模型[J]. 系统工程理论与实践,2012,32(6):1270-1277.

⑭　宋金波,王东波,宋丹荣. 基于蒙特卡罗模拟的污水处理 BOT 项目特许期决策模型[J]. 管理工程学报,2010,24(4):93-99.

⑮　宋金波,靳璐璐,付亚楠.高需求状态下交通 BOT 项目特许决策模型[J].管理评论,2016,28(5):199-205.

⑯　宋金波,张紫薇. 基于系统动力学的污水处理 BOT 项目特许定价[J]. 系统工程,2017,35(7):138-145.

⑰　赵立力,谭德庆. 基于社会效益的 BOT 项目特许权期决策分析[J]. 管理工程学报,2009,23(2):125-130.

刘伟等[①]、吴孝灵等[②]、王东波等[③④]、何涛等[⑤]、Mostafa Khanzadi 等[⑥]、Chao-Chung Kang 等[⑦]、Baozhuang Niu 等[⑧]、C. Y. Yu 等[⑨]、吕萍等[⑩]、郑生钦等[⑪]、郑霞忠等[⑫]、陈敬武等[⑬]、徐友全等[⑭]、曹培强[⑮]从风险分担、预期效益、不确定性、弹

① 刘伟,吕俊娜,邹庆.收益不确定下交通 BOT 项目特许期决策模型[J].系统工程,2012(12):51-56.

② 吴孝灵,周晶,洪巍.基于有效运营期的 BOT 项目特许权期决策模型[J].系统工程学报,2011,26(3):373-378.

③ 王东波,宋金波,戴大双,等.弹性需求下交通 BOT 项目特许期决策[J].管理工程学报,2011(3):116-122.

④ 王东波,宋金波,戴大双,等.BOT 项目特许期决策方法研究评述[J].预测,2009,28(3):1-8.

⑤ 何涛,赵国杰.基础设施 BOT 项目中政府担保估值与特许期决策研究[J].城市发展研究,2010(10):92-95.

⑥ KHANZADI M,NASIRZADEH F,ALIPOUR M. Integrating system dynamics and fuzzy logic modeling to determine concession period in BOT projects[J]. Automation in construction,2012,22(3): 368-376.

⑦ KANG C C,FENG C M,KUO C Y. A royalty negotiation model for BOT (build-operate-transfer) projects: the operational revenue-based model [J]. Mathematical and computer modelling,2011,54(11): 2338-2347.

⑧ NIU B Z, ZHANG J. Price, capacity and concession period decisions of Pareto-efficient BOT contracts with demand uncertainty[J]. Transportation research part E: logistics and transportation review,2013,53(7): 1-14.

⑨ YU C Y,LAM K C. A decision support system for the determination of concession period length in transportation project under BOT contract[J]. Automation in construction,2013,31(5): 114-127.

⑩ 吕萍,李晴,宋吟秋.考虑运营成本的收费公路 Pareto 有效 BOT 合同决策[J].系统工程理论与实践,2015(7):1808-1815.

⑪ 郑生钦,司红运,贺庆.基于 BOT 模式的养老社区项目特许期决策[J].土木工程与管理学报,2016,33(4):29-34,40.

⑫ 郑霞忠,胡宇峰,陈述,等.基于蒙特卡罗模拟的水电 BOT 项目特许期决策[J].人民黄河,2016,38(8):136-139,144.

⑬ 陈敬武,俎照月,张娅.公用事业 BOT 项目特许期决策模型研究[J].科技进步与对策,2018,35(24):117-122.

⑭ 徐友全,高群.公共停车场 BOT 项目特许期决策模型[J].土木工程与管理学报,2019,36(1):1-7.

⑮ 曹培强.BOT 模式下特许经营权资产预计负债的会计处理[J].中国注册会计师,2020(6):84-86.

性需求等不同方面提出 BOT 项目特许期决策模型。

政府的监督作用：鉴于 BOT 项目中参与方多，且关系复杂，政府作为公共利益代表应起到协调与监管的作用①。Larry D. Qiu 等②、刘忠魁等③、宋丽④、Zhen-Yu Zhao 等⑤、成文东⑥、李育红⑦研究了 BOT 项目的政府监管，认为应明确公共利益界定标准，从而建立中国 BOT 制度。

风险评价管理：BOT 模式在应用和推广过程中面临的最大问题是其风险控制，一些学者对此提出了风险评价管理的建议。李倩等⑧、张水波等⑨、赵立力等⑩、Chao-Chung Kang 等⑪、朱光福⑫、M. Askari 等⑬、刘宏等⑭、郭琦⑮等提出

①　董利民. 土地整理融资机制研究[D]. 武汉：华中农业大学，2004.

②　QIU L D，WANG S S. BOT projects：incentives and efficiency[J]. Journal of development economics，2011，94(1)：127-138.

③　刘忠魁，李鹰. BOT 模式中特许权协议性质及特权规制问题[J]. 太原理工大学学报（社会科学版），2012，30(3)：16-19，33.

④　宋丽. BOT 项目中政府监管存在的问题及应对策略[D]. 西安：陕西科技大学，2012.

⑤　ZHAO Z-Y，ZUO J，ZILLANTE G. Factors influencing the success of BOT power plant projects in China：a review[J]. Renewable and sustainable energy reviews，2013，22(6)：446-453.

⑥　成文东. BOT 项目审计实施优化分析[J]. 财会通讯，2018(4)：97-101.

⑦　李育红. 高速公路 BOT 项目运营期资金管理[J]. 财务与会计，2020(3)：64-65.

⑧　李倩，张飞涟. 基于风险价值 VAR 的 BOT 项目投融资风险分析[J]. 中南林业科技大学学报，2009(5)：174-178.

⑨　张水波，高颖. 国际 BOT 项目合同框架分析以及风险防范[J]. 国际经济合作，2010(1)：74-77.

⑩　赵立力，刘怡，谭德庆. 基础设施 BOT 项目中的可控制风险管理研究[J]. 软科学，2008，22(2)：79-82.

⑪　KANG C C，FENG C M. Risk measurement and risk identification for BOT projects：a multi-attribute utility approach[J]. Mathematical and computer modelling，2009，49(5)：1802-1815.

⑫　朱光福. 基于模糊层次分析的 BOT 项目融资风险评价[J]. 统计与决策，2012(14)：66-68.

⑬　ASKARI M，SHOKRIZADE H R. An integrated method for ranking of risk in BOT projects[J]. Procedia-social and behavioral sciences，2014，109(8)：1390-1394.

⑭　刘宏，孙浩. 基于 ISM 和 ANP 的 BOT 项目融资风险评估[J]. 财会月刊，2016(27)：88-92.

⑮　郭琦，闫海兰，张扬. 基于 RBF 网络的水电 BOT 项目投资风险评估[J]. 人民长江，2017，48(8)：64-67.

了 BOT 项目投融资的风险管理问题,并试图采用蒙特卡罗模拟方法、模糊方法、经济方法、灰色评价、风险排序、ISM 和 ANP、RBF 网络等对其进行定量分析评价。干志超等[①]通过改进传统 FAHP 方法,对 BOT 项目存在的风险因素进行了剖析;刘锦章等[②]开展了 BOT 项目政策风险评价;宋金波等[③]、张旭[④]、徐勇戈等[⑤]对 BOT 风险分担进行了分析论述;K. T. Yeo 等[⑥]、李自学等[⑦]、郭健等[⑧]、隗京兰等[⑨]、翟蓓[⑩]探讨了 BOT 项目的风险管理、控制。

另外,实践中还有一些模式,如 BOOT、BOO 等,属于从 BOT 模式衍生出的特例[⑪⑫⑬]。如在 BOOT 模式中,投资者在特许经营期内拥有完整的项目产权;在 BOO 模式中,投资者长期拥有项目完整的产权,类似于永久专营模式。

（2）TOT（Transfer-Operate-Transfer,移交-经营-移交）模式是 BOT 融资方式的新发展。与 BOT 模式不同,TOT 模式指社会投资者一次性购买政府已

① 干志超,陈锦苑. 基于实物期权理论对 BOT 项目经济可行性的研究[J]. 佳木斯大学学报(自然科学版),2012(5):714-717.

② 刘锦章,吕本富. 基于结构方程的高速公路 BOT 项目政策风险评价[J]. 数学的实践与认识,2011(18):94-103.

③ 宋金波,宋丹荣,姜珊. 垃圾焚烧发电 BOT 项目的风险分担研究[J].中国软科学,2010(7):71-79.

④ 张旭.基于博弈论的高速公路 BOT 项目风险分担研究[D].北京:北方工业大学,2012.

⑤ 徐勇戈,王莎莎.公租房 BOT 模式全生命周期风险分担研究[J].会计之友,2019(11):16-21.

⑥ YEO K T,TIONG R L K. Positive management of differences for risk reduction in BOT projects[J]. International journal of prcject management,2000,18(4): 257-265.

⑦ 李自学,陈林.中央建筑企业 BOT 项目实施风险管理探讨[J].公路,2012(12):116-119.

⑧ 郭健,尹洁林,林则夫.期权视角下高速公路 BOT 项目风险分担策略研究[J].科技管理研究,2013(13):223-228.

⑨ 隗京兰,李付栋,刘健哲.海外 BOT 项目的风险管理——老挝水电市场 BOT 项目的风险分析及防范措施[J].国际经济合作,2013(1):58-60.

⑩ 翟蓓.境外 BOT 项目风险分类研究[J].国际经济合作,2017(8):73-76.

⑪ 赖冠军.BOOT 模式在县域工程项目融资中的应用[J].广东土木与建筑,2004(10):45-46.

⑫ 赵世刚,孔国庆.浅谈烧结烟气脱硫 BOO 模式创新管理及应用[J].环境科学与管理,2012(12):11-12,19.

⑬ WOLFS M,WOODROFFE S. Structuring and financing international BOO/BOT desalination projects[J]. Desalination,2002,142(2): 101-106.

经建成的项目一定年限(特许经营期)的经营权,并签订协议,社会投资者在协议期内运营该项目并获取利润,到期后转交给政府。当前,TOT 模式越来越受欢迎,但其研究和实践尚处于探索阶段。部分学者在研究公共建设项目、铁路项目、水电项目时,以 TOT 模式应用的角度分析其架构。王松江等[①]、马丽等[②]提出了利用 TOT 融资方式加强公共设施建设,阐述了其结构、功能和运行机制,论述了特许经营权转让的技术问题。冯宁宁[③]将 TOT 模式应用到铁路项目融资中,阐述了 TOT 流程及优势。Won-Suk Jang 等[④]、邵哲等[⑤]、戴颖喆等[⑥]、丁云霞等[⑦]、张洪瑞等[⑧]将 TOT 项目运作模式分别运用于水资源市场、国有林场改革、污水处理厂、公共体育场馆经营、生态公益林建设等领域,分析了运用该种模式的可行性。孙婷婷等[⑨]基于云模型对水电 TOT 项目的运营成本进行了仿真。

(3)PPP(Public-Private Partnership,公私合作关系)模式,即社会投资者与政府在项目建设中通过合同约定建立合作关系共同建设公共设施[⑩],其核心是"双赢"或"多赢"的合作理念。一些学者对 PPP 模式的架构及其应用进行了探讨。李秀

①　王松江,王敏正. 云南省公共基础设施领域 TOT 项目方式应用研究[J]. 经济问题探索,2003(7):6-8.

②　马丽,王松江,韩德宝. 经营性公共基础设施 TOT 项目融资系统模式研究[J]. 生产力研究,2010(6):116-118.

③　冯宁宁. TOT 模式在我国铁路项目融资中的应用[J]. 铁道经济研究,2006(5):42-46.

④　JANG W-S, LEE D-E, CHOI J-H. Identifying the strengths, weaknesses, opportunities and threats to TOT and divestiture business models in China's water market[J]. International journal of project management,2014,32(2):298-314.

⑤　邵哲,张桂梅. 国有林场改革运用 TOT 模式研究[J]. 林业经济,2012(1):65-67.

⑥　戴颖喆,彭林君. 城市生活污水处理厂 TOT 模式实践研究——以江西 78 家污水处理厂为例[J]. 山东社会科学,2015(S1):243-245.

⑦　丁云霞,张林. 两权分离背景下公共体育场馆委托经营管理模式的应用[J].北京体育大学学报,2017,40(2):24-29.

⑧　张洪瑞,吕洁华.生态公益林建设新型公私合作融资模式探讨——以东北国有林区为例[J].林业经济,2019,41(9):46-51.

⑨　孙婷婷,王卓甫,丁继勇,等.基于云模型的水电 TOT 项目运营成本仿真[J].土木工程与管理学报,2016,33(5):122-126.

⑩　李秀辉,张世英. PPP:一种新型的项目融资方式[J]. 中国软科学,2002(2):52-55.

辉等①、张勇等②、王灏③、陈柳钦④、朱巍等⑤、刘志强等⑥、毛燕玲等⑦、周龙⑧、马君⑨、鲍春生⑩、Vinod N. Sambrani⑪ 提出 PPP 融资合作方式因其在减轻政府负担,满足公共项目、农村公共设施项目、交通水利基础设施建设、城市地下管廊建设、农村垃圾处理需求等方面的特有功能,得到不少国家的重视与采用。刘志⑫、侯峻⑬将 PPP 模式应用到公共服务领域;胡静林等⑭、贾康等⑮、高连和⑯、王春福⑰

① 李秀辉,张世英. PPP 与城市公共基础设施建设[J]. 城市规划,2002,26(7):74-76.

② 张勇,郝寿义. 应用 PPP 融资模式促进城市基础建设发展[J]. 生产力研究,2004(11):56-58.

③ 王灏. 加快 PPP 模式的研究与应用 推动轨道交通市场化进程[J]. 宏观经济研究,2004(1):47-49.

④ 陈柳钦. PPP:新型公私合作融资模式[J]. 建筑经济,2005(3):76-80.

⑤ 朱巍,安蕊. 城市轨道交通建设采用 PPP 融资模式的探讨[J]. 铁道运输与经济,2005(1):26-28.

⑥ 刘志强,郭彩云. 基础设施建设项目引入 PPP 融资方式探讨[J]. 建筑经济,2005(6):40-42.

⑦ 毛燕玲,傅春. PPP 融资模式在农村水电开发中的应用研究[J]. 中国农村水利水电,2009(12):138-140.

⑧ 周龙. PPP 模式在公共基础设施建设中的应用[J]. 河南师范大学学报(哲学社会科学版),2010(2):127-129.

⑨ 马君. PPP 模式在我国基础设施建设中的应用前景研究[J]. 宁夏社会科学,2011(3):43-45.

⑩ 鲍春生. 基于 PPP 融资模式的农村水利设施建设创新机制研究[J]. 中国水利,2012(15):42-43.

⑪ SAMBRANI V N. PPP from Asia and African perspective towards infrastructure development:a case study of greenfield bangalore international airport,India[J]. Procedia-social and behavioral sciences,2014,157(27):285-295.

⑫ 刘志. PPP 模式在公共服务领域中的应用和分析[J]. 建筑经济,2005(7):13-18.

⑬ 侯峻. PPP 模式在城市公共产品投资中的应用研究[J]. 现代城市研究,2008(6):72-80.

⑭ 胡静林,周法兴. PPP 模式在新农村基础设施建设中的应用[J]. 中国财政,2006(9):47-48.

⑮ 贾康,孙洁. 社会主义新农村基础设施建设中应积极探索新管理模式——PPP[J]. 财政研究,2006(7):40-45.

⑯ 高连和. 新农村建设中民间资本的引入机制研究——基于 PPP 融资模式的思考[J]. 东南学术,2008(2):33-39.

⑰ 王春福. 农村基础设施治理 PPP 模式研究[J]. 农业经济问题,2008(6):64-67.

研究了 PPP 模式在新农村公共设施建设中的应用[①]；Q. Farooq Akram[②] 分析了公共设施投资的 PPP 模式；王帅力等[③]就市政公共设施和公共事业的商业模式进行了探讨，以求能够寻找到高效低成本的优化模式；彭清平[④]探索了 PPP 方式在高校基础设施建设融资中的应用；万冬君等[⑤]、余杨等[⑥]、Stefan Verweij[⑦] 将公共设施 PPP 融资模式应用于小城镇的建设、城中村改造。王乾坤等[⑧]、张建坤等[⑨]设计了 PPP 模式在廉租房、经济适用房等保障性住房项目中的运作思路，探讨了其运作保障。王经绫等[⑩]对 PPP 机制在中国养老机构建设中的应用做了必要性研究。武树礼[⑪]把 PPP 模式引入城市轨道交通建设。丁悦等[⑫]基于公共私营合作制（PPP）视角提出青

①　中国财政学会公私合作（PPP）研究专业委员会课题组，贾康，孙洁．社会主义新农村基础设施建设中应积极探索新管理模式——PPP[J]．经济研究参考，2014(13)：28-35.

②　AKRAM Q F. PPP in the medium run：the case of Norway[J]. Journal of macroeconomics，2006,28(4)：700-719.

③　王帅力，单汨源．PPP 模式在我国公共事业项目管理中的应用与发展[J]．湖南师范大学社会科学学报，2006,35(1)：85-87.

④　彭清平．PPP 方式在高校基础设施建设融资中的应用[J]．财会月刊，2007(12)：33-34.

⑤　万冬君，王要武，姚兵．基础设施 PPP 融资模式及其在小城镇的应用研究[J]．土木工程学报，2006,39(6)：115-119.

⑥　余杨，秦定，马凌．小城镇基础设施建设中 PPP 模式融资的可行性分析[J]．金融理论与实践，2008(6)：43-48.

⑦　VERWEIJ S. Achieving satisfaction when implementing PPP transportation infrastructure projects：a qualitative comparative analysis of the A15 highway DBFM project[J]. International journal of project management，2015,33(1)：189-200.

⑧　王乾坤，王淑嫱．PPP 模式在廉租房项目中的应用研究[J]．建筑经济，2007(10)：27-30.

⑨　张建坤，王效容，吴丽芳．"蚁族"保障性住房的 PPP 模式设计[J]．东南大学学报（哲学社会科学版），2012,14(2)：41-45,127.

⑩　王经绫，华龙．PPP 机制应用于我国养老机构建设的必要性研究[J]．经济研究参考，2014(52)：57-61.

⑪　武树礼．城市轨道交通建设引入 PPP 模式研究——以北京地铁四号线为例[J]．新视野，2014(6)：47-51.

⑫　丁悦，蔡建明，刘彦随，等．青海省都兰牧区乡村转型发展模式探析——基于公共私营合作制（PPP）视角[J]．经济地理，2014(4)：139-144,152.

海省都兰牧区乡村转型发展模式。孟春等①、周镇浩等②将 PPP 模式用于城市、农村垃圾处理领域。赵国富③研究了城市地下综合管廊 PPP 项目回报结构案例。

有些学者进一步深入研究 PPP 模式的风险、分摊机制及其可能面临的影响因素及挑战,提出了关键成功因素④⑤⑥⑦。王雪青等⑧认为 PPP 项目内含宏观、中观和微观三个层次的风险。李静华等⑨论证了 PPP 模式的经济风险因素。胡丽等⑩、Diana Car-Pušić⑪认为 PPP 存在局限性和风险。Yelin Xu 等⑫构建了 PPP 项目风险评估的模糊综合评估模型。袁永博等⑬基于蒙特卡洛技术,通过

①　孟春,李晓慧,张进锋. 我国城市垃圾处理领域的 PPP 模式创新实践研究[J]. 经济研究参考,2014(38):21-27,53.

②　周镇浩,王艳伟. 农村垃圾处理 PPP 项目三方演化博弈分析[J]. 昆明理工大学学报(自然科学版),2021,46(6):132-143.

③　赵国富,王守清. 城市地下综合管廊 PPP 项目回报结构案例研究[J]. 清华大学学报(自然科学版),2022,62(2):250-258.

④　OSEI-KYEI R,CHAN A P C. Review of studies on the critical success factors for Public-Private Partnership (PPP) projects from 1990 to 2013[J]. International journal of project management,2015,3(5):1335-1346.

⑤　ISMAIL S, HARRIS F A. Challenges in implementing Public-Private Partnership (PPP) in malaysia[J]. Procedia-social and behavioral sciences,2014,164(31):5-10.

⑥　ZOU W W , KUMARASWAMY M, CHUNG J,et al. Identifying the critical success factors for relationship management in PPP projects[J]. International journal of project management,2014,32(2):265-274.

⑦　GORDON C. The challenges of transport PPP's in low-income developing countries:a case study of Bangladesh[J]. Transport policy,2012,24(11):296-301.

⑧　王雪青,喻刚,邴兴国. PPP 项目融资模式风险分担研究[J]. 软科学,2007,21(6):39-42.

⑨　李静华,李启明. PPP 模式在我国城市轨道交通中的经济风险因素分析——以北京地铁四号线为例[J]. 建筑经济,2007(10):23-26.

⑩　胡丽,张卫国,叶晓甦. 基于 PPP 模式的城市基础设施融资风险识别研究[J]. 甘肃社会科学,2011(1):234-237.

⑪　CAR-PUŠIĆ D. PPP model opportunities,limitations and risks in Croatian public project financing[J]. Procedia-social and behavioral sciences,2014,19(3):663-671.

⑫　XU Y L , YEUNG J F Y,CHAN A P C,et al. Developing a risk assessment model for PPP projects in China—a fuzzy synthetic evaluation approach [J]. Automation in construction,2010,19(7):929-943.

⑬　袁永博,叶公伟,张明媛. 基础设施 PPP 模式融资结构优化研究[J]. 技术经济与管理研究,2011(3):91-95.

仿真模型优化 PPP 项目融资结构。郝伟亚等[1]认为投融资结构和组合 PPP 模式、动态分配收益及调整机制、政府监管的法制化和体系化、PPP 公司的股权结构和组织架构是 PPP 项目实施的核心要点。徐霞等[2]、Khalid Almarri 等[3]、Yinglin Wang 等[4]探讨 PPP 模式中的利益分配及其共享率。Xiao-Hua Jin 等[5]、郭健[6]、Yongjian Ke 等[7]、赖一飞等[8]、陈为公等[9]、王军武等[10]、敖慧等[11][12]、张丛林等[13]利用人工神经网络法、博弈模型、改进 TOPSIS 法等提出了最优化风险分担模型和分担结构。S. Thomas Ng 等分析了可行性研究阶段 PPP 成功的

① 郝伟亚,王盈盈,丁慧平. 城市轨道交通 PPP 模式核心要点研究——北京地铁 M 号线案例分析[J]. 土木工程学报,2012(10):175-180.

② 徐霞,郑志林. 公私合作制(PPP)模式下的利益分配问题探讨[J]. 城市发展研究,2009,16(3):104-106.

③ ALMARRI K,BLACKWELL P. Improving risk sharing and investment appraisal for PPP procurement success in large green projects[J]. Procedia-social and behavioral sciences,2014,119(19):847-856.

④ WANG Y L,LIU J C. Evaluation of the excess revenue sharing ratio in PPP projects using principal-agent models[J]. International journal of project management,2015,33(6):1317-1324.

⑤ JIN X-H,ZHANG G M. Modelling optimal risk allocation in PPP projects using artificial neural networks[J]. International journal of project management,2011,29(5):591-603.

⑥ 郭健. 公路基础设施 PPP 项目交通量风险分担策略研究[J]. 管理评论,2013(7):11-19,37.

⑦ KE Y J,WANG S Q,CHAN A P C,et al. Preferred risk allocation in China's public-private partnership (PPP) projects[J]. International journal of project management,2010,28(5):482-492.

⑧ 赖一飞,雷慧,沈丽平. 三方共赢的特色小镇 PPP 风险分担机制及稳定性分析[J]. 资源开发与市场,2018,34(10):1444-1449.

⑨ 陈为公,李艳娟,刘艳,等. 基于改进 TOPSIS 法的 PPP 项目风险初步分担研究[J]. 会计之友,2019(1):15-20.

⑩ 王军武,余旭鹏. 考虑风险关联的轨道交通 PPP 项目风险分担演化博弈模型[J]. 系统工程理论与实践,2020,40(9):2391-2405.

⑪ 敖慧,朱茜,朱玉洁. 农村基础设施 PPP 项目的风险分担[J]. 统计与决策,2020,36(8):173-176.

⑫ 敖慧,朱玉洁. 农村基础设施 PPP 项目风险分担的博弈研究[J]. 华中农业大学学报(社会科学版),2021(2):111-119,180-181.

⑬ 张丛林,黄洲,郑诗豪,等. 基于赤水河流域生态补偿的 PPP 项目风险识别与分担研究[J]. 生态学报,2021(17):1-11.

影响因素[①]。Jui-Sheng Chou 等[②]、李林等[③]分析了 PPP 关键因素和政策风险分配。Jinbo Song 等提出了废物焚烧能源 PPP 项目中的风险识别[④]。汪伦焰等[⑤]、舒畅等[⑥]、车鲁平等[⑦]、刘凯等[⑧]、高华等[⑨]、谷立娜等[⑩]采用多级可拓 PPP 模型、DEMATEL-ANP、云模型等对 PPP 融资模式进行了风险评价。

　　随着研究的深入,政府在 PPP 中的角色也得到了关注。王秀芹等[⑪]、何寿奎等[⑫]提出政府应转变角色,正确行使职能。王乐等认为政府应起到担保作用[⑬]。柯永建等[⑭]提出政府应采取激励措施以吸引社会资本。唐祥来等认为在农业基础

①　NG S T,WONG Y M W,WONG J M W. Factors influencing the success of PPP at feasibility stage—a tripartite comparison study in Hong Kong[J]. Habitat international,2012,36(4):423-432.

②　CHOU J S,TSERNG H P,LIN C,et al. Critical factors and risk allocation for PPP policy:comparison between HSR and general infrastructure projects[J]. Transport policy,2012,22(7):36-48.

③　李林,刘志华,章昆昌. 参与方地位非对称条件下 PPP 项目风险分配的博弈模型[J]. 系统工程理论与实践,2013,33(8):1940-1948.

④　SONG J B,SONG D R,ZHANG X Q,et al. Risk identification for PPP waste-to-energy incineration projects in China[J]. Energy policy,2013,61(10):953-962.

⑤　汪伦焰,赵延超,李慧敏,等.水生态综合治理 PPP 项目投资风险评价研究[J].人民黄河,2018,40(3):54-58.

⑥　舒畅,刘凯,刘士磊.基于多级可拓 PPP 模式综合管廊融资风险综合评价[J].土木工程与管理学报,2020,37(5):115-121,136.

⑦　车鲁平,冯珂,周尧尧,等.基于 DEMATEL-ANP 的交通设施 PPP 项目风险评价[J].土木工程与管理学报,2020,37(6):152-157.

⑧　刘凯,张凡,刘城城,等.基于 OWA-ER 的城市地下综合管廊 PPP 项目融资风险评价[J].建筑经济,2021,42(S1):274-279.

⑨　高华,马晨楠,张璇.PPP 项目全生命周期财务风险测度与评价[J].财会通讯,2021(18):133-138.

⑩　谷立娜,张春玲,吴涛.基于云模型的重大水利 PPP 项目融资风险评价[J].人民黄河,2021,43(11):116-121.

⑪　王秀芹,梁学光,毛伟才.公私伙伴关系 PPP 模式成功的关键因素分析[J].国际经济合作,2007(12):59-62.

⑫　何寿奎,傅鸿源.城市基础设施 PPP 建设模式挑战与对策[J].生产力研究,2007(8):65-67.

⑬　王乐,郭菊娥,高峰.论政府担保在基础项目 PPP 融资模式中的金融支持作用[J].科学管理研究,2008,26(3):104-106.

⑭　柯永建,王守清,陈炳泉.私营资本参与基础设施 PPP 项目的政府激励措施[J].清华大学学报(自然科学版),2009,49(9):1480-1483.

设施建设中引入 PPP 模式,存在投资激励治理难题,政府可通过强化 PPP 专门机构与制度设计、倾斜贷款政策以及给予农业生产力水平较低的地区优先试点权等措施化解这一难题[①]。Shuibo Zhang 等研究了在中国基础设施发展中 PPP 应用的制度保障与启示[②]。Mohan M. Kumaraswamy 等提出了 PPP 项目中可持续团队选择问题[③]。Rosário Macário[④] 对 PPP 项目定价进行了探讨。Yelin Xu 等[⑤]、刘继才等[⑥]、高颖等[⑦]、姚张峰等[⑧]、白芙蓉等[⑨]运用系统动力学(System Dynamics,SD)构建了 PPP 项目特许定价模型,并研究了特许期。季闯等采用模糊实物期权方法评估 PPP 项目价值[⑩]。段世霞等对特许价格影响因素进行了结构方程建模分析[⑪]。陈红等通过寻租博弈,提出政府监管对策[⑫]。王守清等提出了加强我国 PPP 项目

① 唐祥来,杨娟娟. 农业基础设施建设 PPP 模式的投资激励决策机制[J]. 农业技术经济,2012(10):112-119.

② ZHANG S B,GAO Y,FENG Z ,et al. PPP application in infrastructure development in China:institutional analysis and implications [J]. International journal of project management,2015,33(3):497-509.

③ KUMARASWAMY M M,ANVUUR A M. Selecting sustainable teams for PPP projects[J]. Building and environment,2008,43(6):999-1009.

④ MACÁRIO R. Future challenges for transport infrastructure pricing in PPP arrangements[J]. Research in transportation economics,2010,30(1):145-154.

⑤ XU Y L,SUN C S,SKIBNIEWSKI M J,et al. System Dynamics (SD)-based concession pricing model for PPP highway projects [J]. International journal of project management,2012,30(2):240-251.

⑥ 刘继才,罗剑,宋金龙. 政府担保条件下的 PPP 项目特许期研究[J]. 科技管理研究,2015(3):159-162.

⑦ 高颖,张水波,冯卓. 不完全合约下 PPP 项目的运营期延长决策机制[J]. 管理科学学报,2014(2):48-57,94.

⑧ 姚张峰,许叶林,龚是滔. 关于 PPP 垃圾焚烧发电项目特许定价研究——基于系统动力学理论分析[J]. 价格理论与实践,2017(4):132-135.

⑨ 白芙蓉,曾天浩,邵慧. 管廊 PPP 项目可持续性风险系统动力学仿真研究[J].财会月刊,2020(16):133-139.

⑩ 季闯,程立,袁竞峰,等. 模糊实物期权方法在 PPP 项目价值评估中的应用[J]. 工业技术经济,2013(2):49-55.

⑪ 段世霞,朱琼,侯阳. PPP 项目特许价格影响因素的结构方程建模分析[J].科技管理研究,2013(10):197-201.

⑫ 陈红,黄晓玮,郭丹. 政府与社会资本合作(PPP):寻租博弈及监管对策[J]. 财政研究,2014(10):20-24.

监管的建议①。陆晓春等基于典型案例提出了 PPP 运作方式②。杜亚灵等研究了 PPP 项目中初始信任形成机理③。郑传军对特许经营与 PPP 进行了国际经验和中国实践的对比④。

　　诸多学者还对特许经营权和特许期决策进行了研究、分析,如王岭剖析了特许经营权的竞标难题、形成机理与治理机制⑤;王卓甫等设计了公益性 PPP 项目特许期与政府补贴机制⑥;郑霞忠等对 PPP 项目特许期决策进行了模糊仿真⑦;马国丰等研究了基于灰色马尔科夫预测的 PPP 项目特许期调整模型⑧;程敏等研究了基于特许期调整的城市污水处理 PPP 项目再谈判博弈⑨。

　　(4)鉴于运用单一的 BOT、TOT 或 PPP 模式往往不能适应动态的市场环境,且会导致项目出现风险,一些学者开始探讨这几种模式组合的可行性。李明等⑩、卢金逶等⑪认为 BOT 与 TOT 可以结合应用,产生 TOT-BOT 组合互补的

①　王守清,刘婷. 对加强我国 PPP 项目监管的建议[J]. 经济研究参考,2014(60):14-15.

②　陆晓春,杜亚灵,岳凯,等. 基于典型案例的 PPP 运作方式分析与选择——兼论我国推广政府和社会资本合作的策略建议[J]. 财政研究,2014(11):14-17.

③　杜亚灵,闫鹏. PPP 项目中初始信任形成机理的实证研究[J]. 土木工程学报,2014(4):115-124.

④　郑传军. 特许经营与 PPP 的比较:国际经验和中国实践研究[J]. 国际经济合作,2017(1):82-90.

⑤　王岭. 城市水务 PPP 项目特许经营权的竞标难题、形成机理与治理机制[J]. 浙江社会科学,2017(5):30-35,155-156.

⑥　王卓甫,侯嫚嫚,丁继勇. 公益性 PPP 项目特许期与政府补贴机制设计[J]. 科技管理研究,2017,37(18):194-201.

⑦　郑霞忠,武靖凯,陈述,等. 水力发电 PPP 项目特许期决策模糊仿真研究[J]. 水电能源科学,2017,35(9):123-126.

⑧　马国丰,周乔乔. 基于灰色马尔科夫预测的 PPP 项目特许期调整模型研究[J]. 科技管理研究,2018,38(17):224-232.

⑨　程敏,刘亚群. 基于特许期调整的城市污水处理 PPP 项目再谈判博弈研究[J]. 软科学,2021,35(5):117-122,137.

⑩　李明,金宇澄. BOT 与 TOT 相结合融资模式的应用[J]. 国际经济合作,2006(11):41-44.

⑪　卢金逶,倪刚. 基于 TOT-BOT 组合的大型体育场(馆)融资模式的研究[J]. 体育科学,2008,28(5):69-73.

新型融资模式。孙荣霞等[①②]、王艳伟等[③]通过综合集成方法和项目分解原理,提出 BOT-TOT-PPP 集成融资模式,并指出使用该模式能够达到项目相关群体收益与风险的动态平衡的目的。李力对 BOT-TOT-PPP 风险因素进行了概括和评价[④⑤]。孟宪超概括了 BOT 模式和 PPP 模式之间的联系和差异[⑥]。彭程从模式组合转换的角度,构建了农村公共设施项目 BOT-BT-TOT 集成融资模式,并研究了其结构、运作机理、合作机制、风险分担机制和相关政策法规[⑦]。袁义淞通过 ISM 解释结构模型构建多层级风险模型,运用模糊综合评判法对 BOT-TOT-PPP 项目集成融资风险中的最高级别风险进行模糊分析[⑧]。这些研究都为本书提供了较好的借鉴。

3.3　土地整治集成融资必要性分析

3.3.1　单一模式对土地整治项目而言存在局限性

(1)适用 BOT 模式的项目一般具有投资规模大、建设周期长、技术复杂的特点,因而其投资风险比一般项目的投资风险要大得多。这些风险给政府公共部门带来极大压力。从政府和社会投资者之间的关系看,两者分别是委托人与被委托人,体现“监督”与“被监督”的关系。BOT 项目实施过程中,政府会丧失对项目的控制权,而项目规划、设计等需要上级政府审批,一旦发生冲突,往往难

---

① 孙荣霞,王松江. 城市基础设施项目 BOT-TOT-PPP 集成模式研究[J]. 生产力研究,2009(8):87-88,107.

② 孙荣霞,王松江. 城市基础设施项目 BOT-TOT-PPP 集成结构框架研究[J]. 生产力研究,2009(19):73-74,103.

③ 王艳伟,王松江,潘发余. BOT-TOT-PPP 项目综合集成融资模式研究[J]. 科技与管理,2009(1):44-49.

④ 李力. 经营性公共基础设施 BOT-TOT-PPP 项目集成风险研究[J]. 项目管理技术,2011(5):23-27.

⑤ 李力. 基于风险矩阵的 BOT-TOT-PPP 项目融资风险评估[J]. 昆明理工大学学报(社会科学版),2012(1):74-79.

⑥ 孟宪超. BOT 与 PPP 项目融资模式的实证分析[J]. 水电与新能源,2012(1):70-73.

⑦ 彭程. 城市快速公交系统 BOT-BT-TOT 集成融资创新模式研究——昆明 BRT 模式探讨[D]. 昆明:昆明理工大学,2012.

⑧ 袁义淞.基于 ISM 模型和模糊综合评判的 BOT-TOT-PPP 项目集成融资风险研究[J].昆明理工大学学报(自然科学版),2014,39(5):109-116.

以协调；而且土地整治不同于一般建设项目，其直接涉及农民的权益，像征收这种对公民财产权的强制性处置，只能由政府实施，不能由企业操作，所以单一BOT 模式不完全适合土地整治项目。

（2）TOT 的建设阶段与项目投资方没有直接关系，项目实施完成后才能获得项目资金，资金具有相对滞后的特点，如果单独使用，仍然无法解决项目前期所需资金问题。

（3）PPP 融资模式强调得更多的是一种合作理念，其缺点主要在于组织形式比较复杂，协调管理难度比较大[①]。PPP 融资模式没有固定的投资模式，可根据每个项目的特点、所在地的投资环境、各参与主体的具体情况，形成每个项目自身的投资模式。PPP 融资模式涉及多个利益主体，因此在责任归属与收益问题上容易产生分歧。

（4）与土地整治工作联系最密切的利益相关主体是农户，这三种模式单独使用时都忽略了农户在土地整治中的作用，可能引起农户对土地整治工作的阻挠，不利于土地整治工作的进行。土地整治工作需要大量劳动力，从城市进行调动会进一步增加资金花费，若能充分利用农村富余劳动力开展土地整治工作，则既利于土地整治的进行，又能发挥农户的积极主动性，增加农户收入，达到双赢。

可见，对土地整治项目而言，BOT、TOT 和 PPP 单一融资模式都有一定的局限性，这就有必要吸收它们的优点并加以整合形成集成融资模式（表 3-1）。

表 3-1　　　　　　　　**BOT、TOT 和 PPP 单一融资模式局限性**

模式	存在的问题	对土地整治项目的适用性
BOT	政府丧失控制权，一旦发生冲突，往往难以协调，对于大型项目有较大风险。土地整治直接涉及农民的权益，像征收这种对公民财产权的强制性处置，只能由政府实施，不能由企业操作	单一 BOT 模式不完全适合土地整治项目
TOT	TOT 的建设阶段与项目投资方没有直接关系，项目实施完成后才能获得项目资金，资金具有滞后性，项目资金仍需要政府先期投入	单独使用仍然无法解决项目前期所需资金问题
PPP	往往停留在理念上，而不是具体的可操作模式，在责任归属与收益问题上容易产生分歧	缺少具体操作方式，可以与其他模式组合使用

①　张颖. PPP 融资模式在我国铁路融资中的应用[J]. 铁道运输与经济，2006(11)：3-5.

3.3.2　集成模式可以取长补短，环境适应性更强

土地整治 BOT、TOT 和 PPP 模式都有自身的优势，也都存在着一些不足和局限性，土地整治 BOT-TOT-PPP 集成就是将这三种模式取长补短，使其对环境的适应性更强。通过融资模式的转换更加适应环境的变化，这是集成融资模式最大的特点之一。其结构可以随环境变化而调整，以便更加适应环境的变化。其在土地整治集成融资中突出以下四点：理念上的双赢、争议问题的协商、利益分配的公平、项目风险的共担。

农村土地整治集成融资模式本质上是对 BOT、TOT、PPP 三种典型融资模式的组合运用，也就是将其中两种或三种模式组合起来运作（表 3-2）。其目标是提高土地整治资金使用效率，降低工程造价，保障项目按时保质完成，以期实现项目利益的最大化或风险最小化。

表 3-2　　　　　　　　　　　**BOT、TOT、PPP 模式组合类型表**

组合类型	组合方式	注意事项
两种模式组合	①TOT-BOT（移交-建设-经营-移交）； ②BOT-PPP（公私合作的建设-经营-移交）； ③TOT-PPP（公私合作的经营-移交）	①不管组合方式中是否有 PPP 模式，均以"合作关系"为基本理念，政府与社会投资者之间都是合作伙伴关系，而不是单一模式中"监督"与"被监督"的关系； ②政府仍要承担青苗树木迁坟等补偿、房屋拆迁安置补偿等工作，以确保农民权益，不能像一般建设项目 BOT 模式那样把全部事项委托给社会投资者； ③根据环境变化和项目需要，可以进行多次模式转换组合，以达到"帕累托最优"； ④政府为项目贷款融资提供一定的信用支持
三种模式组合	BOT-TOT-PPP（建设-移交-经营-再移交-再建设-经营-移交，是公私合作的建设、经营、移交的组合运用）	

实际应用中，可以根据项目情况和项目环境，先选择两种模式进行运作，也可以选择三种模式组合运用。然后在操作的过程中逐步评估项目情况，分析模式与项目环境的匹配情况，若无法匹配，则应及时调整为另一种模式，保障项目的顺利实施。

需要指出的是，集成融资模式虽是几种传统单一模式的组合运用，但却不是单一模式的简单"加法"，而是理念的创新组合、操作流程的优化，将达到 1+1+1>3 的效果。

3.4　土地整治集成融资可行性分析

3.4.1　土地整治项目的经济属性分析

土地整治项目具有准公共产品属性、可经营性、可销售性、可分解性、盈利性等经济属性,这使其能够组合使用多种融资模式开展项目融资。

(1)准公共产品属性。

根据公共产品理论,土地整治项目具有明显的准公共产品特性。一方面,土地整治在耕地保护方面与纯公共产品十分相似,具有非排他性和非竞争性两个重要特性,说明其具有很强的社会公益性;同时,土地整治能够带动区域经济发展,缓解当地的用地矛盾;利用土地整治指标或进行规模经营时,土地整治不仅能提高自身的收益价值,而且能使当地村民或农民个人从中间接获益(获取土地流转收入或安置房等),具有溢出效应和较强的外部性。另一方面,项目实施后的指标交易或流转后的种养殖收益一般不再与农户分享,这时土地整治又体现出竞争性和排他性特征。所以,土地整治项目兼具纯公共产品和私人产品的特征,属于准公共产品。

(2)可经营性。

以土地整治项目中受关注的项目盈利性和受益群体范围两项指标为公益性判定依据[1][2],可以将土地整治项目分为三种类型:

一是经营性土地整治项目。其以盈利为目的,具有规模较小、资金回收期相对较短、投资大、投资回报率较高等特点,受益群体既包括建设用地指标收益人,也包括项目区群众(获得土地流转收益、安置房和搬迁补偿等),还包括社会公众(保障了耕地数量不减少)。如农村建设用地整治、现代农业产业园区土地整治等。

二是准经营性土地整治项目。其盈利程度较公益性项目高但低于非公益性项目,受益群体既包括补充耕地指标收益人,也包括项目区群众(获得土地流转收益或种养殖收益),还包括社会公众(保障了耕地质量提升)。如耕地占补平衡项目库项目、经济发达地区开展的农用地整治项目等,这类项目通常以农田水利工程设施建设为核心,其目的是通过整治,增加耕地数量,提高耕地质量,建设高

---

①　朱俊文,高华.城市基础设施负债融资的理论基础及正负效应探讨[J].技术经济与管理研究,2008(3):79-80.

②　王利敏,孙静.基于项目公益性视角的农村土地整治融资模式创新[J].齐齐哈尔大学学报(哲学社会科学版),2015(4):1-3,6.

标准农田,其土地一般在整治后流转统一经营。此类项目可采取"谁投资,谁收益"及部分财政托底的形式实现资金回流,直接受益群体为项目建设单位及项目区内的村组集体和农户。

三是非经营性土地整治项目。除具有公益性项目的一般特点外,其还具有利润低、更注重社会效益和生态效益等特点,其受益群体既包括项目区自身的土地使用者,也包括社会公众。如为恢复耕种条件而针对生产建设活动和自然灾害损毁的土地开展的工矿废弃地复垦项目;为更好地实施自然保护、景观保护计划而开展的农村土地综合整治项目以及经济欠发达地区开展的农用地整治项目(其土地收益一般较低,整治后土地也不流转,仍由原农户承包经营)。

土地整治项目类型划分见表 3-3。

表 3-3　　　　　　　　　　　　土地整治项目类型划分表

项目类型	主要特点	盈利特点	受益群体范围	项目举例	投资主体
经营性土地整治项目	以盈利为目的、规模较小、投资回收期短、资金回报率高	高盈利性	建设用地指标收益人、项目区群众(获得土地流转收益、安置房和搬迁补偿等)、社会公众(保障了耕地数量不减少)	城乡建设用地增减挂钩项目;现代农业产业园区、农业科技园区内部土地整治等	全社会投资者
准经营性土地整治项目	投资规模较大、服务年限长、投资回收期长、影响深远、社会生态效益性高	介于经营性和非经营性之间	补充耕地指标收益人、项目区群众(获得土地流转收益或种养殖收益)、社会公众(保障了耕地质量提升)	耕地占补平衡项目库项目;经济发达地区开展的农用地整治项目等	吸纳社会投资、政府适当补贴
非经营性土地整治项目	投资规模大、投资回收期长、服务年限长、受益面广、影响深远、社会生态效益性高、非盈利性	利润低、更注重社会效益和生态效益	项目区自身的土地使用者、社会公众	工矿废弃地复垦项目;自然保护、景观保护项目;经济欠发达地区开展的农用地整治项目等	政府投资

注:参照王利敏等[1]的研究整理汇总。

① 　王利敏,孙静.基于项目公益性视角的农村土地整治融资模式创新[J].齐齐哈尔大学学报(哲学社会科学版),2015(4):1-3,6.

土地整治项目的属性并不是一成不变的,在一定条件下经营性、准经营性与非经营性可以相互转化。其相互转化关系如图 3-1 所示[1][2][3]。

图 3-1　土地整治项目区分与转化

(3)可销售性。

土地整治作为农村基础设施建设项目,根据可销售性可以确定政府和社会投资者在土地整治中的职责。当前土地整治已经成为区域统筹城乡发展的重要举措,已经上升为国家战略,既不可能由政府完全包揽,也不可能简单地推向市场。

根据可销售性理论,土地整治作为准公共产品,虽然综合评估的结果支持其用市场化手段来保障供给,但考虑一些土地整治项目具有自然垄断、沉没成本高等特点,在投资建设时,一方面需要公共规划和政策发挥作用,加大公共融资甚至直接投资力度;另一方面,也应根据具体项目情况和发展阶段,在政府监管下引入社会资本,提供融资、建设和管理服务。

(4)可分解性。

运用项目管理中的工作分解结构(work breakdown structure,WBS)可以把土地整治项目分解为农用地整治、农村建设用地整治等不同子项目。

从现行的土地整治来看,农用地整治又可以分成耕地占补平衡项目库项目、高标准基本农田建设项目、各级农用地整治项目、其他项目(如再整治项目)。而高标准基本农田建设项目等农用地整治项目又可以细分为土地平整子项目、灌溉与排水子项目、田间道路子项目、农田防护子项目、土地流转经营子项目等。

农村建设用地整治又可以分成城乡建设用地增减挂钩项目、废弃工矿用地复垦项目、同一乡镇范围内村庄建设用地布局调整项目、其他建设用地复垦项目等。城乡建设用地增减挂钩项目又可以细化为房屋拆迁子项目、安置房建设子

①　张伟.城市基础设施投融资研究[M].北京:高等教育出版社,2005.

②　吴亚平.准经营性项目政府出资方式的多样化[J].中国投资,2004(7):99-100.

③　朱俊文,高华.城市基础设施负债融资的理论基础及正负效应探讨[J].技术经济与管理研究,2008(3):79-80.

项目、建设用地复垦子项目、城乡建设用地指标交易子项目等。

先进行项目分解,再运用集成融资模式,可以缩小投资范围和资金量,使中小投资者也能参与其中,从而扩大投资主体范围。

(5)盈利性。

当前土地整治的主要收益包括以下几个方面:①整治后新增农用地(含耕地)每年的种植(养殖等)收益;②整治后原有耕地每年的种植(养殖等)收益;③农用地整治补充耕地指标交易收益;④农村建设用地整治指标交易收益。农村建设用地整治中建设安置房时可以附带开发部分商品房,这样可以带来较高收益;城郊留用区土地也可以与项目捆绑,作为项目收益来源。

这些收益虽然会受市场的影响有所波动,但从长期看,相对比较稳定,特别是补充耕地指标和增减挂钩节余指标交易收益,会随着用地矛盾的日渐紧张逐步攀升。这为集成融资的运用提供了经济基础。

3.4.2　三种项目融资模式互补性分析

BOT、TOT、PPP 融资模式的组织结构、运作程序、合作关系、风险分担和政府监管等总体相似,但又有差异,各有优缺点,这为三者的集成应用奠定了基础。

(1)组织结构相似。

从组织结构上看,BOT、TOT 、PPP 三种融资模式都需要地方政府、社会投资者、项目公司以及金融机构的参与。从复杂程度来看,BOT 和 PPP 涉及的参与方较多,复杂度高于 TOT,这是由于 BOT 和 PPP 涉及大量的商业协议,更加复杂多样。

TOT 模式较为简单,其复杂程度也相对较低,花费相对较少,实用性更强。社会投资者参与时,项目已经完成,只需要将经营权和所有权进行两次移交,便可完成融资。

在三者之中,社会投资者是投资方或融资方,地方政府通常作为担保人,项目公司作为具体实施单位,负责具体土地整治项目的选址、可行性研究论证、规划设计、测绘、施工图设计、施工建设、运营、移交。可见,由多方共同成立的项目公司把相关参与方联系起来,起到了桥梁和枢纽作用。

(2)运作程序相似。

BOT、TOT 和 PPP 模式有着较为类似的运作程序,只是在项目前期有一些差异:BOT 和 TOT 模式中社会投资者从项目招投标阶段才开始参与项目,而PPP 模式中社会投资者在项目论证阶段就已经参与项目。

三种模式有类似的组织结构和运作程序,可以根据环境变化来进行相互转换。只是 TOT 模式"建设"这一环节中社会投资者没有提前参与,也不出资,无法满足项目需求,实际操作时可以由地方政府在项目申报时先行开展招投标,确定好社会投资者,由其先行支付项目资金,待项目实施后移交给社会投资者经营。

（3）合作关系互补。

从多方之间的合作关系来看,三种模式之间有较大的差别。BOT模式中,地方政府与社会投资者之间是等级的关系,缺少相互协调机制,属于"监督"与"被监督"关系,容易导致利益冲突。TOT模式中,社会投资者参与较迟,与地方政府之间的合作基于项目经营权,其合作关系也相对简单。PPP模式中参与各方基于双赢或多赢的理念达成合作关系,可以获得比预期更好的结果,而且PPP模式贯穿整个项目期,可以对项目整个周期负责。因此,PPP模式最显著的特征是地方政府和社会投资者之间建立了相互协调机制,减少了发生利益冲突的可能。可见,三种模式的合作关系可以按照PPP理念重塑。

（4）风险分担互补。

土地整治项目运作周期一般较长,如江苏省实施的万顷良田建设工程、省级投资土地整治项目等,从前期调查到规划方案编制（包括研究确定项目方案）,再到获得政府批准立项,需要1～2年的时间。

BOT模式贯穿整个项目期,往往跨越数年,也就存在多种风险。影响BOT项目风险的主要因素有政策是否连贯、金融市场是否波动、融资周期长短等。PPP模式把风险分配给最有能力的参与方而不仅是社会投资者来承担。TOT模式中社会投资者未参与项目建设,避免了在项目工程建设中可能会遇到的各类风险,政府承担着建设阶段的工程建设风险;但经营阶段的风险,却都由社会投资者承担。与BOT和PPP模式相比,TOT模式中政府和社会投资者都按照约定承担一定风险,从而降低其风险。将三种模式组合运用,可以使参与方更加合理地分担风险。

（5）政府监管互补。

BOT模式中,政府对项目没有控制权,政府和社会投资者之间体现为"监督"与"被监督"的关系。与之不同,PPP模式当中,参与各方共同组成"战略联盟",相互之间通过协商、会商等方式,对各方的利益诉求进行整合,使政府和社会投资者的关系体现"合作"与"共赢"。而TOT模式当中,项目关注的是地方政府必须取得合法的指标经营权或项目经营权,因此,政府的监管主要关注指标使用是否合法、其价值几何以及实施后如何回购的问题。

将以上各方面进行对比,形成BOT、TOT、PPP融资模式操作特点比较表（表3-4）。

表 3-4　　　　　　　　**BOT、TOT、PPP 融资模式操作特点比较**

比较内容	BOT	TOT	PPP
运作繁简程度	复杂	简单	非常复杂
项目所有权	特许期内属于项目公司;特许期届满,所有权将移交给政府	政府拥有所有权	通过特许协议,私营机构和政府各拥有一定的所有权
项目经营权	特许期内政府完全失去,项目公司完全拥有	特许期内政府全部失去,项目公司完全拥有	政府将项目委托给私营机构运营,通过特许协议,私营机构和政府各拥有一定的经营权
资金需求量	大	小	一般
投资者范围	小	大	大
利益相关方数量	多	少	多
项目协调难度	难	易	难
短期内资金获得难易程度	难	易	一般
前期成本	高	低	一般
项目产品价格	高	低	低
融资需要的时间	长	短	短
适用条件	能有长期、稳定现金流量的项目	能有长期、稳定现金流量的已建成项目	能有长期、稳定现金流量的已建成、在建项目
使用前提条件复杂程度	复杂	简单	一般

注:参照鲍海君①、尤荻②、孙荣霞③、彭程④的研究整理汇总。

（6）优势互补分析。

从三种模式的运营机制可以看出,三者对于解决政府财政在土地整治项目

①　鲍海君. 土地开发整理的 BOT 项目融资研究[D]. 杭州:浙江大学,2005.

②　尤荻. 浅议企业技术创新项目的风险管理[J]. 项目管理技术,2008(9):30-35.

③　孙荣霞. 基于霍尔三维结构的公共基础设施 PPP 项目融资模式的风险研究[J]. 经济经纬,2010(6):142-146.

④　彭程. 城市快速公交系统 BOT-BT-TOT 集成融资创新模式研究——昆明 BRT 模式探讨[D]. 昆明:昆明理工大学,2012.

中的资金不足问题都有较好的解决思路,即将市场力量引入土地整治项目建设中。但三者又有着明显的区别:PPP 相较于 BOT 在协调参与各方利益方面效果更佳;TOT 相对简单;BOT 缺乏 PPP 的合作理念和协调机制,项目运作过程中的信息不对称现象比较严重,而 PPP 则通过对项目运营周期过程中的组织机构设置提出新的模型,使得参与各方可以获得比单独行动更有利的结果。因此,本书将三者取长补短,进行组合集成,提出三者集成融资模式,有利于三者发挥各自优势,扬长避短(表 3-5)。

表 3-5　　　　**土地整治项目 BOT、TOT 和 PPP 模式优缺点与互补性**

模式	优点	缺点	优势互补分析
BOT	①可以带来先进的设备、技术和管理经验。②风险转移给企业承担。③由政府相关部门负责验收工作,保障项目质量	①结构复杂。②协议期长。③有独特的风险因素,政府失去对项目的控制权。④一般只适用于规模较大、开展时间较为充裕而资金不足的土地整治项目	①可以有效调动社会资源参与到土地整治项目中来,资金到位及时,减少政府压力。②政府拥有项目控制权,三者运作流程相似。③三者之间优势互补性很强,如 PPP 中政府和社会投资者都有控制权,弥补 BOT;TOT 相对简单,弥补 PPP 和 BOT;PPP 以合作机制为基础,政府参与融资,便于项目协调实施等
TOT	①不涉及项目建设期,避免了项目建设期间的风险。②操作难度和风险都较小。③大大减少了前期费用	①需要进行资产评估。②经营期满后社会投资者移交,需要进行验收	
PPP	①政府与企业在土地项目开发前期就参与可行性论证,降低了交易费用。②政府分担部分风险,提高项目融资成功的概率。③政府与企业共同运营,可以保障土地整治项目的公共利益。④政府拥有一定的项目控制权	①甄选企业难度较大。②组织架构复杂,增加运营中双方的协调难度。③设定项目回报率比较困难	

注:参照张岩[①]、王艳伟等[②]的研究整理汇总。

---

① 张岩.我国农村土地融资模式创新研究[D].郑州:郑州大学,2014.

② 王艳伟,王松江,潘发余.BOT-TOT-PPP 项目综合集成融资模式研究[J].科技与管理,2009(1):44-49.

　　BOT、TOT、PPP 单一项目融资模式存在较多问题,集成融资能克服三者的缺点,对土地整治项目的适用性较强。土地整治项目所需资金量大,建设周期长,建设指标收益随市场的波动变化较大,因此,项目在建设和运营过程当中,都有一定的风险。如果采用集成模式,则可以根据环境的变化相应转移风险。例如采用 BOT 与 PPP 结合模式,则形成了社会投资者承担风险的情形;采用 TOT 与 PPP 结合模式,则形成了政府和社会投资者共担风险的情形;采用 TOT 与 BOT 结合模式时,项目可以先获得资金支持;若分阶段、分子项目采用三者结合的方式则更具有灵活性。组合运用三种模式,形成集成融资,可以在项目环境发生变化时,根据新的环境与原来采用的模式是否相匹配,通过模式转换,转移项目实施中的风险。

3.5　集成融资优势

　　(1)拓宽资金来源渠道。

　　加大对土地整治的力度已经是区域发展的必然要求。然而,政府难以担负土地整治所需的全部资金,资金缺口较大。如南京市 2011 年确立了土地整治为城乡统筹发展主要抓手的发展思路,针对栖霞区龙潭街道,江宁区谷里街道、横溪街道、浦口区桥林街道、星甸街道,六合区金牛湖街道、竹镇镇,溧水区白马镇,高淳区东坝街道等 9 个城乡统筹试点镇街编制了《农村土地综合整治规划(2012—2030 年)》,规划以土地开发整理工程、城乡建设用地增减挂钩等项目为载体,以节约集约利用土地为核心,优化产业结构和空间布局,合理安排农业用地和建设用地;积极引导农村居民点用地向特色村和新社区集中。根据规划,到 2030 年实施总面积 131325.30 公顷,其中,农用地整治 52228.80 公顷,未利用地开发 464.51 公顷,整治农村居民点 7219.62 公顷,复垦废弃工矿 1026.51 公顷,共新增耕地 9602.52 公顷,建成高标准基本农田 34508.86 公顷,经整治的农田质量平均提高 1 个等级,规划期内通过整治形成 6626.34 公顷增减挂钩节余指标用于城镇建设。规划总投资高达 669.44 亿元,其中土地开发整理费 29.43 亿元,拆旧建新投资 640.01 亿元。可见,新的历史时期,土地整治的新目标和任务不仅仅是耕地保护,在这种背景下,土地整治资金也就不能局限于政府投资。

　　建立"多元融资、长期增值、自我发展、良性循环"的资金筹措和运作机制已经是当前土地整治的必然选择。集成融资改变了过去政府单一投资的模式,拓宽了资金来源渠道。

　　(2)增强吸收社会资金能力。

　　从以往建设项目融资的实践看,作为各方利益体现的合同,特别是特许期限、定价等条款谈判过程艰难。土地整治本质上是政府为保障粮食安全、实施耕地保护而采取的一项基本措施,具有很强的准公共产品属性,因此,其收益可能不高,而收益会影响社会投资者参与的热情。在寻找合适的社会投资者时,政府往往因为项目较大、竞争不足,没有挑选社会投资者的机会,而社会投资者也会利用这一点提出更高的利益诉求,获取更高的利益。

运用集成融资模式,可以先根据项目的类型、特征、所属区片等,将土地整治项目分解为若干个子项目,并根据这些子项目的不同情况采取差异化的项目融资模式,从而形成不同的融资策略。这样,就实现了多样化的融资模式并用,集成融资模式的应用范围比 BOT、TOT、PPP 单一模式更广。有些项目总体并不盈利或者盈利不佳,但在分解之后,有些子项目可以盈利,并且盈利较好,则这一部分可以采用融资的方式,而盈利不佳的部分,则可以继续采用传统的政府投资方式。

如在进行万顷良田建设工程项目招标时,可以根据区域把一个项目分为几个独立区段,也可以根据工程内容将工程项目分为不同类型土地平整工程、搬迁工程、安置房建设工程、农田水利工程、道路工程等,从而提高项目的竞争性。这样做可以吸引许多规模不太大的公司参与,从而有更多的选择余地。把项目分成多个独立区段主要是由当前参与土地整治项目工程建设的企业规模不大,缺少综合性企业的现状造成的。可见,集成融资模式比单一模式更能吸收社会资金。

(3)提升政府对项目的控制力。

土地整治不管采用何种融资模式,都会减弱政府对项目的实际控制。例如,在 BOT 模式中,在建设过程当中,特别是在特许经营期内,政府要将项目的建设、运营权移交给项目公司,这就减弱了政府对工程建设项目的实际控制力,政府无法像以前一样直接对项目进行干涉。再如,在 TOT 模式中,政府虽然有一定的控制权,但是遇到矛盾时还需要跟项目公司进行协商,政府仅是会商中的一方,有时无法直接做出决定,就无法过多干预项目的建设。在 PPP 模式中,项目公司直接负责经营阶段的指标交易或经营,政府一般不直接干预。

然而,为了土地整治项目的顺利开展,地方政府要负责处理项目区的农民搬迁、安置、坟墓迁移问题以及因整治造成的农民之间和农民与项目公司之间的矛盾冲突。也就是说,在土地整治项目融资中,政府不能完全放弃对项目的控制,集成融资虽然不能消除这一方面的影响,但可以将影响降到最小。

(4)便于协调各方利益。

三种模式中都有较多参与方,而其利益诉求往往不同。如 BOT 模式中缺少一个利益协调机构,加上在初期很难清晰、科学地界定风险如何分配,运行时间又较长,因此当项目遇到诸如政策调整、突发事件时,往往会严重受挫。TOT

与 BOT 模式的风险小一些,但在运营阶段,政府难以有效地监管。而经营期结束后,土地整治建造的农业设施可能已经无法继续使用。

PPP 模式通过建立协调各方的利益机制,实现了总体效益的最大化,能够实现"帕累托最优"。土地整治项目集成融资模式保留了 PPP 的这种利益协调方式,更加容易建立协调各方的利益机制。

(5)保障项目实施质量。

在当前情况下运用集成融资模式来进行土地整治项目的建设是必要的。集成融资中社会投资者通常是项目投资公司,其拥有相对丰富的项目管理理念和管理经验。项目投资公司要获得更高的利益回报,必然会减少风险,必然会更加重视工程质量和建设进度,从而有利于提高工程建设的质量和项目管理的水平。

集成融资模式较单一的 BOT、TOT 和 PPP 模式具有更强的适应能力;集成融资模式对不同的合同及策略组合,具有更强的灵活性和环境适应性;集成融资模式可以提高项目的成功率,保证项目的可持续性。

3.6 本 章 小 结

通过对当前项目融资 BOT、TOT 和 PPP 三种典型融资模式的内涵、组织结构、运行程序进行分析,发现三者均存在一些缺陷,如 BOT 模式使政府失去对项目的控制权,TOT 模式资金收入滞后,PPP 模式侧重于理念创新,缺少可操作性,若能将三者结合,则更适合在土地整治项目中应用。土地整治项目具有准公共产品属性、可经营性、可销售性以及可分解性和盈利性,这使其可以分别分类运作,而 BOT、TOT 和 PPP 相似的运行机理使三者可以相互转换,三种模式组合集成十分可行。

集成融资模式就是将 BOT、TOT、PPP 三种融资模式组合使用,旨在提高土地资金使用效率,降低造价,保证项目质量。集成融资模式不是单一模式的简单"加法",而是理念的创新组合,操作流程的优化。运用集成融资可以拓宽资金来源渠道,增强吸收社会资金的能力,提升政府对项目的控制力,便于协调各方利益,保障项目实施质量。集成融资模式能适应当前经济放缓、社会经济环境变化较快的需要,对满足当前的土地整治资金需求、保障土地整治可持续发展具有十分重要的作用。

第4章　集成融资模式特征、路径与特许权

本章在分析土地整治集成融资模式特征的基础上,提出集成融资的捆绑式和滚动式路径,进而结合土地整治项目的收益实际,剖析集成融资的特许权类型及其协议要点、协议特征。

4.1　集成融资模式特征

集成融资模式的特征体现在以下几个方面:

(1)更紧密的合作伙伴关系。

BOT 模式中政府和社会投资者之间为"监督"与"被监督"的关系;TOT 模式中社会投资者一次性支付一笔资金给地方政府,二者之间形成"交易"关系;PPP 模式中两者之间形成一种相互合作关系,不同于以上两种关系。

土地整治项目关系农户权益,涉及拆迁、安置房建设、指标交易等事项,这些事项中有些是社会投资者无法或者不能直接参与的,有些是社会投资者无法单独完成的。而政府需要社会投资者参与到土地整治项目中,主要还是解决项目资金问题。因此,集成融资模式中政府和社会投资者之间不能仅仅是 BOT 模式中的"监督"与"被监督"的关系或者 TOT 模式中的交易关系,而是更加紧密的合作伙伴关系,即政府和社会投资者之间达成最高层次的合作关系,它是在相互信任的基础上,双方为了实现共同的目标而建立的共担风险、共享利益的长期合作关系,政府将为项目贷款融资提供一定的信用支持。这是集成融资模式的显著特征,也是决定项目成败的关键因素。

(2)更有效的利益分配机制。

土地整治项目集成融资的实施涉及政府部门、项目公司、社会投资者、借贷机构等众多组织成员(利益相关者),各主要利益相关者会投入一定数量的资源,以实现各自的利益,但他们的利益取向并不一致。

为了使各利益相关者保质保量完成各自的任务,在集成融资中可以分析单一模式利益分配的优缺点,构建一套更有效的利益分配机制,使各利益相关者努力实现自己的目标,并最终实现项目的总体目标。项目能否成功,很大程度上取决于这一利益分配机制。如果利益分配合理,则有助于形成良好的合作模式,保障项目的顺利进行。如果利益分配不合理,则往往会出现裂痕,从而产生冲突、

矛盾,若不进行校正,甚至可能会导致项目失败。当然这一切围绕的都是土地整治项目所能够带来的利益,因此,可以根据项目带来的利益来设计更加有效的利益分配机制,规避单一模式利益分配缺陷。

(3)更完善的风险分担机制。

集成融资中的风险分担机制将解决单一模式中政府和社会投资者"自顾自"的缺陷,结合土地整治项目的特征分配风险。

在集成融资中,政府不是监督者,而是参与者,政府将承担带有行政性质的风险,以及那些项目公司无控制力的风险,如控制违章建筑、清障搬迁补偿安置风险以及国家土地整治政策的重大变化或者行业管理规定的重大变化造成的风险等。市场上的经济风险将由社会投资者承担,主要包括价格变动风险、资金及时到位风险等。集成融资能形成更加完善的风险分担机制,规避单一模式中风险无人承担的困境,使项目顺利进行。

(4)更强的项目环境适应性。

通过转换融资模式能更加适应环境的变化,这也是集成融资的一大特点。集成融资是多种模式的组合,其结构可以随项目环境变化而调整,以便更加适应环境的变化。

集成融资模式可以通过先分解后组合的方式或者先运作后调整的方式实现项目有序开展。当然,集成融资模式不是三种单一模式的简单加减,而是关系极为密切的组合运用,它充分结合了三种模式各自的特点和优点,从而更加适应环境变化,产生集成组合效应。

4.2　集成融资模式的路径

4.2.1　捆绑式集成融资模式

按照经济学理论中的外部性原理,农用地整治项目一般具有正外部性的特点,其投资回收周期长,外部效益需要较长时间才能充分体现出来,而农村建设用地整治项目除了具有正外部性,还具有投资大、投资回收滞后的特点。

为使社会投资者参与土地整治项目,并能够获取预期利润,基于"非赢利项目与赢利项目"捆绑的赢利理念[①],可以将土地整治中的赢利性内容与非赢利性内容进行捆绑,从而形成"捆绑式集成融资模式",即社会投资者选择该区域可产

---

① 　孙慧,宁玉玺,张逸婷. 城乡一体化建设中捆绑赢利性项目的 PPP 模式分析[J]. 天津大学学报(社会科学版),2013,15(6):492-496.

生稳定、持久收益的项目来弥补土地整治投资的成本或微薄利润,以使社会投资者获得预期收益。该模式与传统的单一模式有所不同。

　　该模式下的实施策略为城乡联动捆绑开发,也就是将农村拆旧区、城镇安置区、城郊留用区联动开发,从而实现土地整治(收益慢且低)与城郊留用区(收益快且高)联动捆绑开发,让土地整治过程中低效用地的农户、企业搬迁,这样就可以将搬迁安置成本、农地整治成本分摊到城郊留用区经营性项目中。通过土地整治与经营性项目的整体开发,实现长期效益与短期效益的结合[①]。

4.2.2　滚动式集成融资模式

　　该模式下的实施策略为建立土地综合整治资金池,逐年滚动开发,这是区域土地整治持续开展的一种方式,是捆绑式模式的持续运用。在这种模式下,可以由政府和社会投资者投资建立项目公司进行项目运作,也可以由第三方信托公司作为主体。可以信托的资产:一是拆迁后新增的城郊留用区土地开发利用等经营权;二是整治后农用地的土地承包经营权;三是补充耕地指标或增减挂钩节余指标交易特许权;四是自愿归并的农户安置房用地的开发经营权和安置房用地多出的商铺、商品房等的所有权。

　　如果该区域已经有项目实施,则可以先采用 TOT 模式,由项目公司或信托公司出资购买该项目,获得补充耕地指标或建设用地指标交易特许权、土地规模经营权等,政府获得该收益后,可以将其作为启动资金,继续开展下一年的土地整治工作。

　　如果该区域尚未有项目实施或者原有项目已经完结,则可以根据土地整治项目的成熟程度,确定合理开发时序,对条件成熟的拆旧区地块和区位条件好的城郊留用区地块进行优先开发,快速回笼资金,并将其作为其他土地综合整治项目的启动资金,从而通过较小的资金投入撬动区域土地整治滚动开展[②]。

　　不同类型融资模式的内容设计见表 4-1。

---

　　①　顾守柏,刘伟,夏菁. PPP 模式在上海土地整治中的运用[J]. 中国土地,2015(9):43-46.

　　②　同上。

表 4-1　　　　　　　　　　　　　**不同类型融资模式的内容设计**

模式类型	内容	特点
传统融资模式	政府作为土地整治主体,投资成立项目公司进行拆迁补偿、安置房建设以及拆旧区复垦、农地整治,项目公司从补充耕地指标、增减挂钩节余指标交易收益以及政府出让新增建设用地的土地出让金中抽取部分作为佣金	①拆迁补偿和安置房建设投资巨大,使政府产生较大资金压力。 ②土地整治产生的所有成本全部由指标交易收益或部分土地出让金进行抵偿,受土地一级市场波动影响较大,具有较大风险
单一融资模式	项目公司作为土地整治的主体,政府作为监督者,其收益仍是补充耕地指标、增减挂钩节余指标交易收益以及政府出让新增建设用地的土地出让金	①以赢利为目的的项目公司千方百计压缩项目成本,导致拆迁补偿安置不到位,后遗症较多,农民满意率低,甚至引发极端事件。 ②政府作为监督者,往往缺乏监督手段,且对项目缺少控制权。 ③同传统模式一样,项目风险往往较大,社会投资者投资意愿不强。 ④由项目公司负责拆迁补偿的做法与现行法律理念相悖
捆绑式集成融资模式	由政府和社会投资者投资建立项目公司,建立合作伙伴关系; 项目公司首先将一部分资金交给政府,由政府开展青苗补偿、树木补偿、迁坟补偿以及房屋拆迁补偿; 拆迁补偿完成后,政府将原有农用地以及宅基地统一交予项目公司进行土地平整、沟渠路等配套建设、安置房建设及相应基础设施和公共设施建设等; 同时政府按照拆迁补偿和安置房建设成本,给予社会投资者指标交易特许权,或优惠给予用地指标和城郊留用区建设用地使用权,这样可以保障项目公司的收益	①政府和社会投资者都参与项目,二者之间是一种合作伙伴关系,而非"监督"与"被监督"的关系。 ②政府负责拆迁补偿,对项目有一定的控制权。 ③项目公司在原有项目建设内容的基础上同时进行新增赢利项目建设,将农村拆旧区、城镇安置区、城郊留用区捆绑联动开发,这样把收益快与收益慢的项目进行结合,虽然项目整体具有一定的复杂性,但利于为土地整治和安置房建设提供稳定的资金支持。 ④可以提供较为稳定的项目公司收益,减少社会投资者的投资风险。项目公司由于首先承揽了农民安置房和公建基础设施建设,因此获得了优先选择新增赢利项目的权利和向政府争取优惠的筹码

续表 4-1

模式类型	内容	特点
滚动式集成融资模式	与捆绑式集成融资模式相比,该模式不是以单个项目为实施单元,而是形成资金池,逐年滚动开发。 　　该模式实施时可以引入信托公司,以信托公司为项目实施主体,也可以由政府和社会投资者投资建立项目公司进行项目运作	①基本特点同捆绑式集成融资模式相似。 ②如果引入信托公司作为项目实施主体,信托公司设计相关的理财产品,向一些有意做长期投资的投资方进行融资,并选择信托产品的服务商和项目运营商

4.3　集成融资特许权类型及协议要点、特征

　　土地整治项目特许经营是指政府将土地整治产生的一定数量的指标和收益(如补充耕地指标、增减挂钩节余指标、整治后土地种养殖收益、安置区商铺及附带商品房开发收益、留用区土地开发收益等)交由社会投资者(或其单独或与政府共同成立的项目公司)进行融资、建设、运营,而社会投资者由此获得商业利润,但要承担投资和金融的一些风险。特许期满后,社会投资者按照特许权合同的规定将项目无偿或有偿交给政府。从广义上来讲特许权是一种法律安排,特许权合同构成政府实施管制的法律基础。

　　集成融资模式是 BOT、TOT、PPP 中两种或多种模式的组合运用,是合作理念下的共同经营、利益共享。在合作过程中,政府需要将一部分土地整治项目特许权交给社会投资者与政府共同成立的项目公司。

4.3.1　特许权主要类型

　　(1)新增农用地(含耕地)经营权。

　　不管是农用地整治还是建设用地整治,都会增加一定数量的农用地,其中以新增耕地为主,这部分土地属于集体闲置建设用地或者未利用地,在适当给予补偿后,其经营权可以按照"谁投资,谁收益"的原则,由政府协调,经村组同意后,在一定时限内分配给投资人使用。

　　(2)农用地整治中原有农用地(含耕地)经营权。

　　农用地整治项目实施后,在农户自愿的前提下,原有农用地(含耕地)承包经营权可以由政府协调,通过土地流转,在一定时限内由投资人享有,由投资人来进行规模经营。

（3）补充耕地指标交易权。

随着社会经济持续快速发展,各类建设占用耕地的需求逐年增加,一些耕地后备资源不足的地区很难实现耕地占补平衡,而补充耕地指标又是耕地保护工作的主要考核指标,因此易地调剂成为一种选择。

农用地整治后可以形成补充耕地指标。易地调剂使补充耕地指标成了一种有价物。目前安徽、江苏等建立了省内补充耕地指标交易平台,出台了补充耕地指标交易市场规则,这使农用地整治补充耕地指标的调剂工作从原来的由政府部门主导变为以市场调节为主,对于落实保护国土资源、严守耕地红线这一职责和底线具有重要意义,也为以补充耕地为核心的农用地整治运用社会资本开展市场化项目融资创造了有利条件。集成融资中,政府可以将农用地整治补充耕地指标交易权交给项目公司,由项目公司来运作。

（4）增减挂钩节余指标交易权。

农村建设用地整治项目增加建设用地指标,其节余建设用地指标可以用于城镇建设,按照其与城镇周边地块（城郊留用区）价值出让,获取出让金收入。可以通过与当地开发区、相关城镇及用地单位协商,构建增减挂钩节余指标交易市场,对指标进行交易。政府赋予社会投资者或项目公司其节余建设用地指标交易特许权,这样可以保障交易收益成为农村建设用地整治的主要收益来源。

（5）安置房附带商品房开发权。

安置房是政府开展农村建设用地整治项目时对被拆迁住户进行安置所建的房屋。在经济较发达地区,安置房选址一般在城镇或中心村。安置房建设除建设房屋本身及相应配套设施外,一般会多盖一部分作为商品房。同时,安置小区还会配套相应的商铺。因此,自愿归并的农户安置房用地的开发经营权和安置房用地多出的商铺、商品房等的所有权,可以作为特许权,由项目公司运营。

（6）城郊留用区土地开发权。

集成融资中将农村拆旧区、城镇安置区、城郊留用区联动开发,从而实现土地整治与城郊留用区联动捆绑开发,节余指标产生后新增的城郊留用区一定范围的土地开发权可以交由项目公司开发运营,这样可以用"收益快且高"的经营性土地开发带动"收益慢且低"的土地整治。

4.3.2　特许权协议要点

（1）成立项目公司负责运作。

土地整治项目公司可以是以用地指标为主要诉求的房地产开发公司、建筑公司,也可以是以整治收益为主要诉求的水利建设公司、工程设计单位、农业企业和一些金融性投资者。项目公司通过实施土地复垦与平整工程、灌溉与排水工程、田间道路工程以及农田防护工程等,使项目区内杂乱低效的土地变成符合行业标准的优质土地,并通过由政府组织的项目竣工验收。项目公司收取增减挂钩指标交易收益、建设用地复垦收益以及土地开发使用费,得到新增耕地的农地使用权收益,以此平衡项目投资。

(2)政府可以作为融资担保。

作为对项目融资的信用支持,地方政府可以为项目的实施作一定金额的从属性贷款担保,或者与提供贷款的金融机构签订一个直接协议,作为地方政府向借贷机构做出的承诺,承诺地方政府会按照其与项目公司签订的费用合同支付相关费用。签订这个协议的意义在于帮助项目公司顺利地获得银行贷款,当然,该协议并不是一个贷款协议,而仅是一个承诺。

(3)政府保证项目最低收益。

不论在什么情况下,如果补充耕地指标和增减挂钩节余指标的交易收益、复垦收益、土地开发收益、新增耕地的农地使用权收益等各类收益仍低于合理的收益水平,政府应给予补偿。合理的收益水平应根据项目实际进行测算,并通过协议约定。

(4)选择适当的特许权范围。

农用地整治项目的特许权范围包括项目建成后种养殖收益、补充耕地指标收益;对于农村建设用地整治项目,项目建成后的产品或服务主要是获得一定面积的增减挂钩节余指标或土地开发权益。这些设施或形成的权益产生的收益在一定年限内支撑项目的贷款,是采用项目融资的经济基础。

在实践操作中,这些特许权并非所有一起使用,而是根据项目特点使用其中几项,能够获得相应的建设资金和适当的利润即可,也不宜让社会投资者获取"超额"利润。因此,政府与项目公司的谈判主要围绕将哪些特许权作为补偿。

(5)确定合理的特许经营期。

农用地整治后新增耕地的农地使用权年限应小于 30 年。对于捆绑式农村建设用地整治项目,项目周期一般以 3~5 年为宜。滚动式农村建设用地整治项目,可以延长项目周期,项目周期按照当地的土地整治规划和村庄规划等合理确定。

4.3.3　特许权协议特征

(1)建设阶段的追索权。

建设阶段是项目最需要资金的时期。对银行等金融机构来说,建设阶段属于高风险期,所以这一时期的项目融资通常需要地方政府作担保,从而使其具有完全追索权。在项目竣工后,对地方政府的追索权将不再存在。

（2）政府担保。

作为对项目融资的信用支持，政府可以为项目作从属性贷款担保，并规定利率、还款年限等。

（3）把指标产生的收益或土地开发收益作为担保品。

与一般项目融资不同，土地整治项目融资通常把增减挂钩节余指标等作为担保品，这些担保品不是通常意义上的实物，而是虚拟物，其价格随市场波动。如果该收益低于协议中规定的水平，地方政府应该向项目公司支付差价。

（4）合理安置农户。

与一般建设项目不同，农村土地整治项目是对农村集体经济组织所有的土地进行整治，项目实施过程中可以安排当地农村劳动力作为工人。

（5）按照规定使用土地，不得任意变更土地用途。

根据相关法律法规，农村建设用地整治后的原有村庄（复垦区）变为耕地，相对应的项目（安置区和留用区）应根据土地利用总体规划和城市规划的要求进行开发运营；必须在不改变农业用途的前提下对农用地进行开发使用。

4.4　本 章 小 结

本章首先分析了集成融资模式的特征，即更紧密的合作伙伴关系、更有效的利益分配机制、更完善的风险分担机制、更强的项目环境适应性，进而提出集成融资模式的路径，包括捆绑式和滚动式两种。捆绑式即为城乡联动捆绑开发，实现土地整治（收益慢且低）与城郊留用区（收益快且高）联动捆绑开发。滚动式通过建立土地综合整治资金池，逐年滚动开发，是捆绑式模式的持续运用。土地整治集成融资特许权包括以下 6 种：新增农用地（含耕地）经营权、农用地整治中原有农用地（含耕地）经营权、补充耕地指标交易权、增减挂钩节余指标交易权、安置房附带商品房开发权、城郊留用区土地开发权。集成融资特许权协议要点包括成立项目公司负责运作、政府可以作为融资担保、政府保证项目最低收益、选择适当的特许权范围、确定合理的特许经营期。特许权协议具有建设阶段追索权、政府担保、以指标收益或开发收益作为担保品、须合理安置农户、不得任意变更土地用途等 5 个方面的特征。

第 5 章　集成融资模式结构体系与运作程序

　　土地整治集成融资模式结构体系主要是对两种或多种模式的架构进行组合,形成新的集成融资架构,使集成融资的风险降低,合作和控制能力增强,从而达到"帕累托最优"。集成融资模式结构体系包括集成融资的组织结构、时空混合结构、投资结构、资产结构等。本章将参照土地整治项目的运作流程,设计集成融资的运作程序,将其分为项目分析、模式初选、模式转换、验收移交 4 个阶段。项目分析阶段主要是对项目进行工程分解和盈利性分类。模式初选阶段主要是通过评价分析项目融资环境,初步选定融资模式,进而选择合作单位,确定集成模式架构。模式转换阶段主要进行模式匹配动态转换、特许权谈判、项目公司组建、项目规划设计与编制预算、项目融资、施工建设、项目经营。验收移交阶段主要是通过政府验收后,项目公司根据特许权协议进行经营,待经营期满,将项目移交给政府。

5.1　集成融资模式结构体系

5.1.1　总体结构体系

　　土地整治集成融资是破解土地整治项目资金难题、促进土地整治持续发展的重要手段,要更好地发挥其作用,就必须对集成融资的相关理论进行分析,从而形成一个相对完整的土地整治项目 BOT-TOT-PPP 集成融资模式框架体系:从土地整治项目投融资问题、融资要求到集成融资可行性,从集成融资内涵特征到集成融资的优势路径,从集成融资的结构体系到集成融资运作程序,从集成融资的关键点(合作约束机制、风险分担机制)到集成融资的绩效与保障体系(图 5-1)。

　　集成融资模式结构体系主要是对两种或多种模式的架构进行组合,形成新的集成融资架构,包括集成融资的组织结构、时空混合结构、投资结构、资产结构等,通过结构的组合,降低集成融资的风险,增强合作和控制能力,从而达到"帕累托最优"。

　　集成融资模式的运作程序主要是指集成融资模式实施的具体步骤及方法,可以分为项目分析、模式初选、模式转换、验收移交 4 个阶段。

　　集成融资的关键点包括合作约束机制、风险分担机制。合作约束机制主要

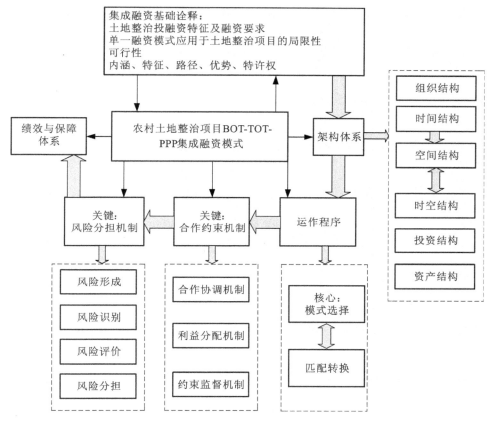

图 5-1　集成融资框架体系

研究土地整治中的利益相关者及其行为和利益取向,进而分析如何有效合作,如何协调利益相关者的行为,以及主要利益相关者的利益分配机制。风险分担机制对集成融资过程中风险的产生及其成因进行分析,对风险类别进行识别,找出主要的风险源,进而开展风险评价,按照一定的原则提出风险分担方案。

集成融资功能绩效与保障体系分析了集成融资模式具有的比单一模式更加优越的功能,进而评价该模式取得的成效是否达到了预期目标。集成融资保障体系主要研究集成融资所需的法律法规、政策、市场、金融等机制,给土地整治项目应用集成融资模式创造一个良好的应用环境。

5.1.2　组织结构

(1)组织结构形式。

集成融资模式是将 BOT、TOT、PPP 模式中的几种组合操作,这些模式将有多种项目方式,根据不同的条件组合,一般有两种操作模式:一是先分解后组合,从三种模式中选择与项目相适应的融资模式分别进行融资;二是先运作后调整。

　　本书综合三种融资模式的优点,使用先分解后组合的操作模式,将农村土地整治项目分解成子项目,不同的子项目分别使用不同的融资模式,从而形成集成融资模式组织结构(图 5-2)。

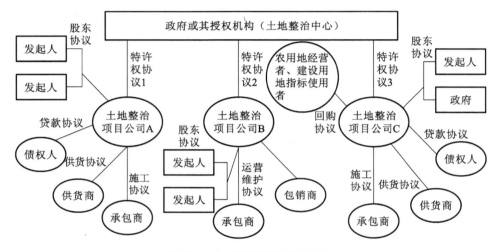

图 5-2　集成融资模式组织结构

　　集成融资框架结构采用工作分解结构(WBS)方法,将土地整治项目分解为相对独立的子工程项目,由不同的子工程项目公司负责,各公司将 BOT、TOT、PPP 三种融资模式两两组合或三种同时使用。当然,选择使用其中两种模式的组合时,仍然以"合作关系"为基本理念,政府仍要承担青苗树木迁坟等补偿、房屋拆迁安置补偿等工作,以确保农民权益,不能像一般建设项目 BOT 模式那样把全部事项委托给社会投资者;同时,政府需要为项目贷款融资提供一定的信用支持。

　　如图 5-2 所示,集成融资模式的框架结构可以考虑将项目划分为三个子项目,分别由三家项目公司运作。可以看到,其中存在三种"极端"模式,如果只保留左侧,只有政府或其授权机构与子公司 A,通过签订特许权协议进行合作,这就是一个典型的 BOT 结构。同样,如果只保留中间部分,政府或其授权机构与项目公司 B 之间进行特许经营,就是一个典型的 TOT 结构。如果仅保留右侧,政府与项目公司 C 之间进行经营,即 PPP 结构。

　　当然,上面提到的是集成基本形式,每个子项目及其组合结构根据项目单位的角色不同,分别与政府和其他利益相关方签订各种协议。由于组合形式较多,不一一列举。

（2）组织成员构成（利益相关者）。

①地方政府（当地土地整治中心）：在土地整治项目中，虽然政府不是土地的所有者，但在一般情况下，政府是土地整治项目的最终拥有者（村集体和农民的土地权益仍归村集体和农户所有）。目前，一般都是政府主导土地整治项目。政府作为行政管理者，应该创造良好的法律环境和政策环境，为项目的实施提供相应的支持。在项目运作中，政府起到监督、检查的作用，以保障公共利益和国家的利益。实践中，政府一般将土地整治项目的管理工作全权委托给相应的土地整治中心，由土地整治中心进行运作管理。

②项目发起人（社会投资者）：指项目业主，是项目的实际投资者和主要承办者。在政府批准项目采用集成融资模式进行建设后，项目发起人通过招标确定项目主办人，并与其签订投资建设合同，利用合同将建设期的融资、投资、建设管理等风险转移给项目主办人。所以，在项目建设期间，项目发起人最主要的责任是监管项目主办人，重点监管资金是否到位、合同是否履行、程序是否遵守等。

在项目执行过程中，项目发起人不宜对项目的具体管理介入过深，必要时可聘请专业的项目管理公司，对工程质量、安全、进度、资金等情况进行控制。

③土地整治项目公司：由社会投资者组建，或由社会投资者与政府部门共同设立，项目公司具体负责项目的实施，即项目的直接承办者，具有独立的法人资格，是项目实施的直接操作者，具体负责项目全生命周期的工作。组建项目公司有利于贷款融资，也方便管理。

④借贷机构：银行等金融机构为集成融资项目提供资金支持。贷款银行对土地整治项目集成融资具有非常重要的作用。

⑤土地整治项目运营单位：运营公司是专门为经营项目而成立的，可根据项目需要决定是否设立，它的主要任务是确保项目按要求运转。

⑥指标购买者或土地使用者：指标购买者是维系土地整治的重要一员。项目公司在规划设计阶段可以先与有意向的购买者签订指标交易合同，降低项目风险。对于农用地整治之后规模经营的土地，可以选择合适的土地使用者，通过租赁的方式出租，也可以自行经营。

⑦规划设计单位、建设监理单位及材料设备供应者：应选择适合的规划设计单位、建设单位、监理单位及材料设备供应者，以保障项目的顺利实施。

⑧融资顾问：融资顾问特别是有经验的法律和税务顾问，对于集成融资大有裨益。

⑨项目区村委会和农户：项目区农民在项目实施过程中是受损者，在项目实施结束后是受益者。村委会是农户利益的代表，而且是土地所有者或其代表。不仅如此，在实践中，村委会还是项目实施后后期管护的具体执行者。

⑩保险公司:将各方均不愿承担的风险进行保险,是风险转移的一种方式。

⑪社会公众:项目实施中还要接受媒体监督、社会监督等社会公众的监督。

集成融资项目利益相关者的主要参与行为如表 5-1 所示。

表 5-1　　　　　　　　**集成融资模式利益相关者的主要参与行为**

名称	主体行为
地方政府 (当地土地 整治中心)	审核申报的项目,选定项目区,编制土地权属调整备案,与社会投资者签订投资协议,项目立项与公示,实地核查规划设计方案,组织专家评审规划设计,负责搬迁补偿安置,上报审批,组织检查验收,组织指标交易
项目发起人 (社会投资者)	提出土地整治及农业支撑项目,与政府签订特许经营/合作合同,单独或与政府联合成立项目公司
土地整治项目公司	负责整个项目的运作:与村委会或农户签订农地流转及联合申报土地整治项目的协议,联合村委会申报土地整治项目,委托相关单位进行土地勘测,委托相关单位进行可行性研究,委托相关单位进行规划设计,召开规划设计方案农户听证会,实地核查规划设计方案,将规划设计上报国土部门审批,组织项目施工,参加指标交易,配合检查验收
借贷机构	提供借贷资金
土地整治项目 运营单位	受项目公司委托开展运营:开展土地规模经营或农业现代园区经营,操作指标交易
指标购买者 或土地使用者	通过指标交易平台或者双方协商获取用地指标,一般是开发区或经济发达而用地紧张的区域的地方政府
规划设计单位、建设 监理单位及材料设 备供应者	项目规划设计、监理等
融资顾问	提供融资帮助
项目区村委会和农户	村委会:与项目公司协商农地流转、与政府协商搬迁补偿安置,召开村民会议征询农地整理意见、搬迁意愿,征集农户农地流转及与企业联合申报、整理项目的意见,与项目公司谈判,确定农地流转及整理的具体事项,成立项目权属管理协调小组,征集农户土地权属调整意见,确定权属调整范围并编制调整方案,公示权属调整方案,组织农户参加规划方案的听证会 农户:签订同意土地权属调整、土地流转、搬迁安置协议,提出规划设计意见,参加规划设计方案、搬迁补偿方案听证会
保险公司	对一些风险通过保险进行转移
社会公众	社会监督

（3）组织成员关系（利益相关者关系）。

集成融资模式中，所有组织成员都参与项目实施的过程，也就是项目的利益相关者，其关系较为复杂。其中，特许经营合作关系是项目利益相关者关系的核心（图 5-3）。

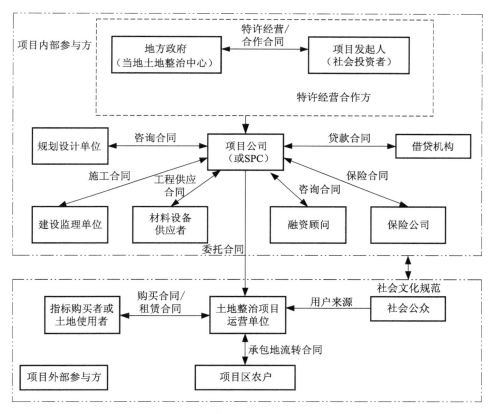

图 5-3　集成融资模式中利益相关者构成

值得注意的是，图 5-3 中的 SPC（Special Purpose Company，特殊目的公司）是一个为项目服务的专门组织，是项目的实施者，由政府和社会投资者或其团体联合成立。下面重点分析主要利益相关者（表 5-2）。

表 5-2　　　　　　　　**集成融资模式利益相关者分类表**

分类依据	主要利益相关者	次要利益相关者
利益相关者的重要性、投入性、风险性	政府、社会投资者、项目公司、借贷机构、项目区村委会和农户等	产品购买者或服务接受者、运营单位、规划设计单位、建设单位及材料设备供应者等其他机构

（4）主要组织成员的作用和利益取向。

①政府。

政府对项目管理和监督以及融资结构等可以提出政策性规定。

②项目公司。

项目公司是土地整治项目实施的主体，因此，它对于项目而言至关重要。项目公司的利益要求主要体现在协调各方关系，降低成本、获取最大的收益，保障项目顺利实施。

③社会投资者。

社会投资者投资土地整治项目的主要目的是获取经济收益，其利益取向就是利润最大化或者成本最小化。当前，社会投资者需要确保其收益的政策，期望项目有稳定的经营利润。

④借贷机构。

借贷机构的利益取向主要是确保贷款安全可靠，能够按预定时间收回贷款及利息，控制项目风险。

⑤项目区村委会和农户。

项目区村委会和农户的利益取向为获得更多补偿款和安置房，能够持续获得土地收益。

可见，主要利益相关者的利益取向不同（表 5-3），需要建立协调约束机制，协调利益相关者的利益取向，在保证项目顺利实施的前提下，在一定程度上满足各方利益，从而形成双赢、多赢的局面。

表 5-3　　　　　　　　**集成融资模式主要组织成员的利益取向**

主要组织成员	利益取向
政府	通过监督管理，实现项目整体效益最大化
项目公司	协调各方关系，降低成本、获取最大的收益
社会投资者	利润最大化或者成本最小化，需要确保其收益的政策，期望项目有稳定的经营利润
借贷机构	确保贷款安全可靠，能按预定时间收回贷款及利息，控制项目风险
项目区村委会和农户	获得更多补偿款和安置房，持续获得土地收益

5.1.3　时空混合结构

（1）时间结构。

土地整治项目全寿命周期包括项目选址、申报、规划设计、施工、运营。项目环境的变化及其所处阶段的不同，使 BOT、TOT 和 PPP 的变换组合模式存在多种可能性（图 5-4）。

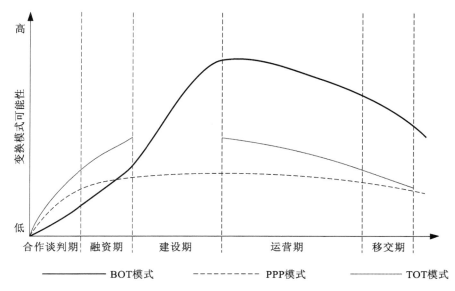

图 5-4 项目不同阶段变换模式可能性

从项目阶段看,在前期阶段,主要进行项目的选址、申报、规划设计,也包括项目的合作谈判和融资,这一时期由于项目还没有正式实施,所需投入的资金不多,融资环境对项目的影响不大,融资环境的变化不会使投资大幅改变,此时如果出现分歧或者风险,可以采取调整特许经营协议或政府补贴等传统方式进行补救。进入项目实施阶段,就需要投入较多的资金,此时融资环境如果发生较大变化就会对项目产生很大的影响,如果出现资金断裂,甚至可能导致项目不能继续,此时这些传统的措施将无法发挥作用。面对这种情况,就可以通过变换融资模式来解决问题,使项目得以继续实施。进入运营阶段,投资逐步开始回收,对环境的敏感度又逐渐降低,转换模式的可能性和必要性就逐渐减少了。

从风险分担来看,在项目前期主要是合作谈判,风险和融资的程度或数量都处于低水平,再加上这一阶段参与者众多,在有形和无形中分散了项目风险,因此,不需要变换模式。实际上,集成融资风险大都集中在项目实施阶段,这一阶段需要先期投入大量的资金,特别是农村建设用地整治项目,需要投入大量的资金进行拆迁补偿和安置房建设。此时,如果融资环境发生变化,其风险可能随之大幅增加,按照集成融资模式风险分担的理念,当一方无法承担风险时,可以使用模式转换的方法来解决这一问题。在运营阶段,主要进行指标的交易和种养殖收益的回收。此时,如果社会经济环境发生重大变化,无法收回投资时,可以考虑用政府补贴、保底收益等传统方式解决问题。

　　集成融资模式的时间结构主要是通过不同的组合应用 BOT、TOT 和 PPP 三种模式,形成新的组合形式(表 5-4)。

表 5-4　　　　　　　　　　　　　　集成融资模式时间结构

项目周期	合同谈判期	融资期	建设期	运营期	移交期
运作模式	选择 TOT-BOT、BOT-PPP、TOT-PPP 或 BOT-TOT-PPP 中的一种,一般不进行模式转换		延续前期选择的组合模式,但融资环境发生重大变化时变换模式:TOT-BOT、БOT-PPP、TOT-PPP 或 BOT-TOT-PPP 组合转换	延续前期选择的组合模式,一般不进行模式转换;延续 TOT-BOT、BOT-PPP、TOT-PPP 或 BOT-TOT-PPP	

　　(2)空间结构。

　　空间结构主要通过划分子项目,根据子项目的特点,与具体模式进行组合。在表 5-5 中,先将工程项目分为 3 个子项目,并在不同项目周期分别选用不同的操作模式,形成三个模式的组合。如初期的合同谈判期和融资期,分项目 1 选择 TOT-BOT 模式,分项目 2 和分项目 3 分别选择 BOT-PPP、BOT-TOT-PPP 模式。进入建设期,根据融资环境和项目实际,分项目 1 转换为 TOT-PPP 模式,分项目 2 延续 BOT-PPP 模式,分项目 3 转换为 BOT-PPP 模式。在运营期和移交期 3 个子项目均延续各自的模式,直至项目结束。这种将项目划分形成子项目,子项目独立运作的空间结构,更加灵活、机动,对融资环境适应性更强。

表 5-5　　　　　　　　　　　　　　集成融资模式空间结构

项目周期	合同谈判期	融资期	建设期	运营期	移交期
分项目 1	选择 TOT-BOT		转换为 TOT-PPP	延续 TOT-PPP	
分项目 2	选择 BOT-PPP		延续 BOT-PPP	延续 BOT-PPP	
分项目 3	选择 BOT-TOT-PPP		转换为 BOT-PPP	延续 BOT-PPP	

　　如上所述,时间结构、空间结构各自存在一些缺陷:时间结构不考虑如何把项目拆分而易产生矛盾,而空间结构不考虑项目实施过程中内部和外部的环境变化,这也将影响具体的操作模式,当模式和环境不匹配时,会阻碍子项目的实施,进而影响项目目标的实现。

　　本书结合时间结构和空间结构的特点和优势,提出时空混合结构,使集成融资模式具有更好的环境适应性和可操作性。一个子项目在某一阶段只能选择一种模式,通过将子项目和项目阶段进行组合形成表 5-6 所示的组合形式。

表 5-6　　　　　　　　　　　**集成融资模式时空混合结构**

项目周期	合同谈判期	融资期	建设期	运营期	移交期
分项目 1	TOT-BOT		TOT-PPP	TOT-PPP	
分项目 2	BOT-PPP		BOT-PPP	BOT-PPP	
分项目 3	BOT-TOT-PPP		BOT-PPP	BOT-PPP	
分项目 4	TOT-PPP		BOT-TOT-PPP	BOT-TOT-PPP	

　　从表 5-6 不难看出,时空混合结构通过项目分类和项目阶段分解进行融合,形成矩阵型结构模式,与 BOT、TOT、PPP 单一模式结构不同,其更加适应项目的特征,从而提高项目的环境适应性。

5.1.4　投资结构

　　土地整治项目集成融资模式包括政府或其授权机构、项目发起人和金融机构三个核心参与者,三者发挥着不同的功能。根据土地整治资金来源的形式,将投资结构设计为图 5-5 所示的结构。

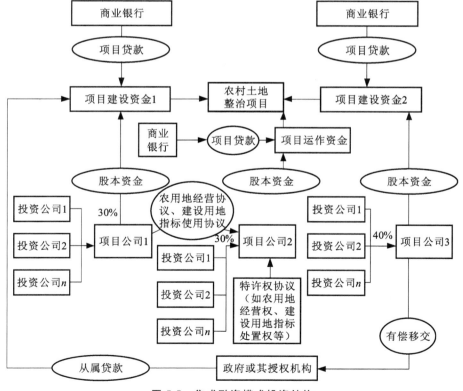

图 5-5　集成融资模式投资结构

在图 5-5 中,政府或其授权机构在融资中的主要功能是通过特许经营协议或其他协议,赋予土地整治项目公司不同的特许经营权(如农用地经营权、补充耕地指标交易权、增减挂钩节余指标交易权等),并有义务为项目贷款进行担保。

土地整治项目的发起人负责建立不同的土地整治项目公司,项目公司从政府或其授权机构获得经营权,负责土地整治建设工程建设项目,并提供必要的资本和技术,进行融资安排,承担项目风险,从农业用地经营或指标交易中获得利润。

项目发起人是项目的实体,具体负责项目的运作。

金融机构主要由商业银行等组成,这些金融机构提供资金支持,享有债权人的地位。

5.1.5　资产结构

(1)资产结构构成。

集成融资模式对资产结构有独特的要求,其资产结构以整体的土地整治项目资产为基础,又分别具有 BOT、TOT、PPP 各自的特征。资产结构由未来资产和现有资产两部分构成。两者之间关系如下:

以未来资产为基础。贷款人提供贷款的前提是项目未来有现金流收益。集成融资模式的资产基础是土地整治项目在贷款期内能够产生用于还款的现金收益,项目公司融资成功与否取决于未来的资产,而不是现有的资产。

以现有资产支持未来资产。土地整治工程项目具有投资大、风险高的特征,在融资过程中,如果贷款人仅按照项目的未来现金流和可能的风险提供资金,将打击投资者的热情。集成融资模式能很好地解决这一矛盾,通过 BOT 和 TOT 组成公司的子项目,形成互助性信用担保,项目公司的信用由政府担保,从而分散风险。

集成融资模式的资产结构优化时应考虑的融资成本因素可分为资金成本和非资金成本两大部分[①]。资金成本主要是使用这部分资金而付出的费用;非资金成本主要包括财务拮据成本、代理成本、税务成本等。土地整治项目公司的负债率越高,财务风险越大,土地整治项目公司发生财务拮据的概率也就越大,财务拮据的期望成本也就越高。

(2)资产结构分析。

从动态上看,项目不同实施阶段的资产结构有所区别。例如施工阶段,主要由项目公司负责项目的施工,其承担的风险较大,因此,对施工阶段的信贷结构

---

① 董利民.土地整理融资机制研究[D].武汉:华中农业大学,2004.

要求较高。而到运营阶段,由于借款人的现金流已经转移到项目现金流,相应的信贷担保的银行贷款还款也转移到项目的现金流,因此,银行重点关注如何监控现金流,以确保现金流可以用来偿还贷款。

影响土地整治项目公司资金结构的因素有很多,而且有时各因素相互矛盾。例如,从偿还利息的角度来考虑,项目公司应较少举债;但从提高自有资金收益率的角度来考虑,项目公司却可较多举债。在对项目公司的资产结构进行优化时,不仅应考虑资金成本因素,而且要考虑非资金成本因素。在实际工作中,项目公司所关心的并不是一个最佳资金结构的具体数值,而通常是一个资金结构的范围。

5.2　集成融资模式运作程序

根据土地整治项目建设的一般流程,结合集成融资的特征,将集成融资模式运作程序分为项目分析阶段、模式初选阶段、模式转换阶段、验收移交阶段。其主要运作程序见图 5-6。

项目分析阶段主要是运用工作分解结构(WBS)对土地整治项目进行分解,并根据子项目的盈利性分析其是否可以采用融资模式。

模式初选阶段主要是通过分析融资环境,合理确定合作单位,初步选定合适的融资模式,如 TOT-BOT、BOT-PPP、TOT-PPP 以及 BOT-TOT-PPP 等,并设计模式结构体系。

模式转换阶段主要进行模式匹配转换、特许权谈判、项目公司组建和融资建设运营。

验收移交阶段进行项目验收运营和项目查验移交。

5.2.1　项目分析阶段

(1)项目工程分解。

实施集成融资时,为有效管理项目,弄清其中的关系体系,项目管理者可以运用 WBS 对土地整治项目进行分解。通过运用 WBS,项目相关人员可以明确各自的工作界面,明确理解和管控项目的过程,确保系统和项目结构的完整性,理顺责任和权利。

运用 WBS 分解土地整治项目的过程如下:

收集资料,全面了解土地整治项目。审查项目投资计划,充分考虑项目当前的形势、项目本身可能存在的一些隐含问题,特别是项目涉及拆迁安置时,应充分了解当地的补偿安置政策和当地农户的搬迁、土地流转意愿。

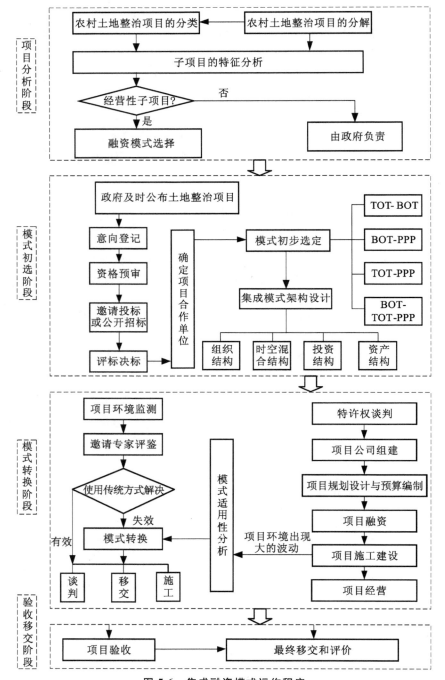

图 5-6　集成融资模式运作程序

确定主要子项目。确定主要子项目本质上是一个项目组合和项目分类的实现过程。

建立工作分解结构（WBS）。建立 WBS 的关键一步是确定分解层次。需要注意以下几点：一是分解至最低层。最低层的 WBS 要素应该能够适应管理的需要。二是满足需要即可，无须细分成相同层次。三是项目分层要根据项目所在区域、种类、特征及其复杂程度确定分解层数，不是越细越好。

根据以上流程，土地整治项目可以分解成图 5-7 所示的各种子项目。

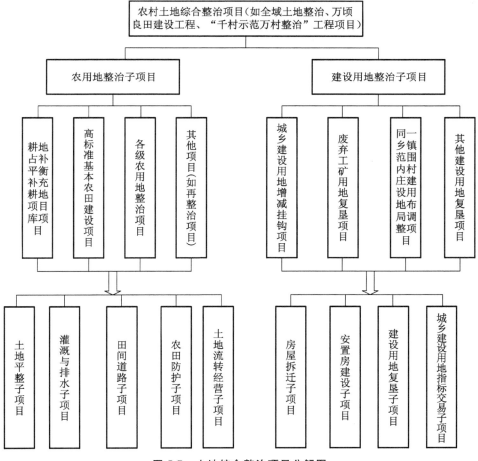

图 5-7　土地综合整治项目分解图

目前，实践中的主要土地整治项目包括以下几种：

①耕地占补平衡补充耕地项目库项目：该类项目主要是切实落实非农业建设占用耕地占补平衡制度，做好耕地占补平衡工作，其开展依据主要是《省级政

府耕地保护责任目标考核办法》(国办发〔2018〕2 号),属于自然资源部门每年的常规性项目,目前主要由政府投资,费用从新增建设用地有偿使用费列支。这类项目大都比较零散,但其产生的新增耕地指标属于地方政府必须完成的任务,其指标可以产生交易收益,使该指标成为有价物。因此,这类项目可以使用融资方式。

②高标准基本农田建设项目:目前,该类项目主要由政府投资,但资金缺口较大,亩均投资可达 2000~3000 元。其建设任务由自然资源部下达,地方自然资源部门为完成任务,往往将其他涉农投资项目"嫁接"。该类项目涉及面积通常较大,又集中连片,建成后农业产业效益较高,可以采用集成融资模式。

③各级农用地整治项目:这类项目是各级地方政府利用新增建设用地有偿使用费返还资金投资建设的项目,主要目的是增加有效耕地面积。这类项目主要利用返还资金,其投资与否主要看资金额度。因此,一般不采用融资方式。

④再整治项目:主要针对已经实施土地整治项目的区域,但限于当时投资较少,没有达到高标准基本农田建设标准的区域,可以再次投资。这类投资属于补充投资,投资额度相对较小,建成后农业产业效益较高,可以采用集成融资模式。

⑤城乡建设用地增减挂钩项目:这类项目实现了城市用地指标的"增"和农村建设用地的"减",把原本低效闲置的建设用地复垦,并将农户集中安置,统一提供基础设施,提高了农民的生活水平和资本性财产收入。其涉及房屋拆迁,投资额度较大,但其形成的增减挂钩节余指标交易收益也较高,可以采取集成融资方式。

⑥废弃工矿用地复垦项目:其管理和实施主要在工矿较多的地区开展,整治后的土地一般较难用作耕地。

⑦同一乡镇范围内村庄建设用地布局调整项目:类似于仅在某一乡镇连续多年开展的城乡建设用地增减挂钩项目。其投资和收益均高,适宜采用集成融资模式。

以上项目是否适用融资模式,还应根据具体项目的特征具体分析,如对于不同乡镇,不是集中连片区域而是几个片区联合申报的项目,可以先考虑按照片区划分项目,并充分考虑项目融资环境。

(2)项目盈利性分类。

引入"可经营系数 K"判断土地整治项目的可经营性。土地整治项目可分为高回报性项目、纯经营性项目、准经营性项目和非经营性项目四类。K 的计算公式如下:

$$K = V/C \tag{5-1}$$

V——项目的市场价值;C——项目的建设成本。

而:

$$V = H/I \qquad (5\text{-}2)$$

H——项目的收益;I——市场上可以接受的投资收益率。

将公式(5-2)代入公式(5-1),得:

$$K = \frac{H}{CI} \qquad (5\text{-}3)$$

$K=0$,$K=1$,$K<1$,$K>1$ 分别代表非经营性项目、纯经营性项目、准经营性项目、高回报的纯经营性项目。

虽然一些土地整治项目作为一个整体,不能直接采用项目融资模式,但进行项目分解后,有些子项目可以采用融资模式。

5.2.2　模式初选阶段

模式初选阶段主要确定土地整治项目首先使用哪种融资模式,可以采取两种方式:一是先进行环境分析再选模式,即初选时先开展融资环境分析,根据评价结果确定融资模式;二是先选择融资模式再进行环境分析,确定是否转换模式。由于集成融资模式中多种组合(如 TOT-BOT、BOT-PPP、TOT-PPP 以及 BOT-TOT-PPP 等)各有其特点,且受宏观环境、中观环境和微观环境的影响,因此本书先进行环境分析再选择模式。实践中,可以根据项目需要调整。

(1)分析融资环境。

①宏观环境包括政治环境、经济环境、法律环境、金融环境。

政治环境中的主要因素是政策是否经常变动等。政策及其变化会对项目建设、融资、运营造成一定的外部影响。在土地整治项目中,最基本的影响因素就是政策的连续性、地方政府的信用等级以及地方政府对待投资者的态度等。社会投资者希望政策具有连续性,以实现稳定的收益。地方政府不应频繁变动政策。地方政府的信用等级与政策的连续性存在着某种相关性,两者相互影响。地方政府对待投资者的态度至关重要。一方面,农用地整治后是否实行土地流转统一经营,地方政府通常是主导者;另一方面,建设用地整治后形成的指标,地方政府更热衷于自行使用。然而,当整治资金不足时,地方政府不得不求助于社会投资者。因此,地方政府的态度,对于能否实施集成融资模式,对于投资者的利益都至关重要。

经济环境主要包括经济周期、当地经济政策、经济发展状况等。一般而言,在经济快速发展时期,用地指标需求大,这时运用集成融资模式的风险相对小得多。当地经济政策,如与项目融资有关的经济激励机制或激励政策能增强投资者的信心；提供项目还款保障，或一些从属贷款或项目某一阶段的贷款。在经济发展状况方面，资本主要流向经济发展速度快的地区。

土地整治涉及内容丰富，既包括农村沟渠路桥站等基础设施建设，又包括土地流转经营；既包括农村房屋拆迁，又包括安置房的建设。其涉及的法律法规较多，也存在一些法律不完备的情况。

金融环境包括金融市场体系和金融体制，如利率的变化。

②中观环境包括行业环境、市场环境和项目区社会环境。

行业环境主要是指土地整治项目相关产业，如现代农业、房地产业等（用地指标需求方）。市场环境主要是指整治后种养殖农产品的价格和市场需求，补充耕地指标和增减挂钩节余指标的市场价格和市场需求。项目区社会环境主要是指农户对项目的支持程度。如果项目的支持度低，不仅会被公众抵制，还会被拒绝施工，这样会影响项目进程。土地整治项目涉及的村委会、农户不是一般意义上的公众，他们也是项目的利益相关者。因此，其参与程度越高，项目的社会风险就越小，项目成功的概率就越大。

③微观环境包括项目审批情况、补偿安置情况、设计情况、施工情况、项目管理情况、项目验收情况等。

（2）确定合作单位。

从当前土地整治项目管理实践看，政府可以将土地整治项目融资工作委托给相应的土地整治中心（或土地储备中心）。土地整治中心通过招投标方式确定项目合作单位。这一过程主要分为以下四个步骤：

首先，进行意向登记。土地整治中心对拟采用集成融资模式建设的项目，通过媒体等向社会公开发布，邀请有兴趣的社会投资者提出初步设想。

然后，进行资格预审。资格预审主要是审核和评价候选机构的资信、方案状况，这对项目非常重要，特别是运作时间较长、涉及面较广的项目，应提高对投标者的资格要求。

接下来进行邀请投标或公开招标。土地整治中心发出标书，通过邀请投标或公开招标的方式组织招标。

最后，评标与决标。土地整治中心按照标书规定的评标方法和标准进行评标，最终确定项目合作单位。

（3）初步选定模式。

在合作单位确定后，双方根据项目特征和项目融资环境情况，初步选定合适的融资模式，如 TOT-BOT、BOT-PPP、TOT-PPP 以及 BOT-TOT-PPP 等。

（4）设计模式架构。

确定了项目合作单位之后，应对该集成融资模式结构体系进行设计，包括组织结构、时空混合结构、投资结构、资产结构等。详见5.1节。

5.2.3 模式转换阶段

(1)模式匹配动态转换。

集成融资模式最大的优势在于可根据市场环境变化确定采用哪种模式或者对哪几种模式进行组合。为了确定是否通过转型来解决项目实施中存在的问题,可以进行模式适用性分析,以确定是否需要转换模式、转换为何种模式,以便实现集成融资的互适性。

项目选址、申报、规划设计等前期工作所需资金不多,往往不需要转换融资模式。进入项目建设阶段后,所需资金额度较大,可以根据需要对初步选定的融资模式的适用性进行分析评价。

一般是当项目环境出现大的波动时,对模式进行适用性分析。可以邀请专家评鉴,进行跟踪检测,并就该环境波动原因咨询相关专家。

如果是微观环境发生了变化,应及时找出原因,去除其不利影响。如果是宏观环境或者是中观环境发生了变化,应分析产生这一变化的原因是否可控。如果超出可控范围,须提前制定相应的防御措施。如果采用传统方式如政府补贴能够解决,可以不用转换模式。如果传统方式失效,此时可以考虑转换模式以适应环境变化。

宏观、中观、微观环境发生变化,如果影响了利益相关者的核心利益,项目风险超出了其所能承受的风险范围,当前的融资模式与环境以及风险分担等无法匹配时,应该可以考虑转换融资模式,达到损失最小,避免出现项目无法控制的局面。融资模式转换为何种形式,由政府和社会投资者谈判协商。如果需要更换社会投资者或者施工单位等,还需要移交资料。

(2)特许权谈判。

特许权谈判是土地整治集成融资的核心内容之一;谈判形成的特许经营合同是政府和社会投资者双方利益分配、风险分担的主要载体。因此,特许权谈判也就成了项目融资的关键一环。谈判时,应根据项目的特点和复杂程度,确定特许权的主要内容。

农用地整治项目主要针对整治后土地如何流转、如何经营、经营期有多长、补地指标如何使用等问题展开探讨;农村建设用地项目主要是确定拆迁补偿和安置费用如何筹集、何时到位、增减挂钩节余指标如何分配、政府能否提供保底收益、保底收益是多少等。特许权谈判可以由地方政府授权土地整治中心开展。

(3)项目公司组建。

特许经营合同签订以后,根据融资模式,社会投资者可以单独或与政府共同组建土地整治项目公司,由该公司全权负责项目的融资、规划设计与预算、建设、验收、经营、管理等事务。

(4)融资、建设、经营。

项目公司成立后,由项目公司按照正常业务流程推进项目实施,如项目规划设计、项目融资、项目施工建设,直至项目经营。农用地整治后,项目经营主要是开展规模经营,发展现代农业,获取种植或养殖收益;对于农村建设用地整治,项目经营的内容主要是开发后变为农用地地块的使用或租赁、增减挂钩节余指标的销售。

5.2.4 验收移交阶段

(1)项目验收运营。

项目实施后,补充耕地指标、增减挂钩节余指标以及项目实施的土地平整工程、农田水利工程、道路工程、农田防护工程等还需要经过上级政府部门的检查验收,方能使用。经验收合格,即可进入运营。

(2)项目查验移交。

项目运营结束后,进入移交阶段,经营期结束之后,项目公司根据特许经营协议进行移交。对于农用地整治而言,需要移交的主要是整治后配套完善的农用地;对于建设用地整治而言,需要移交的主要是原有村庄复垦后的农用地。经政府(土地整治中心)查验后,交给村委会,分给村民使用。

5.3 本章小结

本章从组织结构、时空混合结构、投资结构、资产结构四个方面分别阐述了集成融资模式的结构体系。政府、项目公司、社会投资者、借贷机构、项目区村委会和农户是集成融资的主要组织成员。集成融资的时空混合结构通过对项目进行分类和对阶段进行分解并将两者进行融合,形成矩阵型结构方式,能更好地适应项目的特征,从而提高项目的环境适应性。在其投资结构中,政府或其授权机构、项目发起人和金融机构是三个核心参与者,发挥着不同的功能。集成融资资产结构以整体的土地整治项目资产为基础,其优化时应考虑融资成本因素。

集成融资模式运作程序分为项目分析、模式初选、模式转换、验收移交四个阶段。项目分析阶段主要是对项目进行工程分解和盈利性分类。项目工程分解是根据项目类型、项目所在区片等将项目分解成子项目,盈利性分类主要根据可经营系数判断。模式初选阶段主要是通过对项目融资环境进行分析，初步选定融资模式，进而选择合作单位，确定集成模式组织结构、时空混合结构、投资结构、资产结构等结构。模式转换阶段主要进行模式匹配动态转换、特许权谈判、项目公司组建、项目规划设计与预算编制、融资、建设、经营。验收移交阶段主要是通过政府验收后，项目公司根据特许权协议进行经营，待经营期满，将项目移交给政府。

第6章　集成融资模式合作约束与风险分担

　　土地整治集成融资涉及政府、项目公司、社会投资者、借贷机构等众多组织成员(利益相关者)，其利益取向不一致，这就需要构建合作约束机制，以协调利益相关者之间的关系，在保证项目顺利实施的前提下，在一定程度上满足各方的利益诉求，从而形成双赢、多赢的局面。土地整治项目具有周期长、工作内容杂、补偿安置纠纷多等特征，这就导致其进行集成融资时面临着多种风险。

　　本章从采取合作约束原因分析入手，从合作协调、利益分配和约束监督3个方面构建集成融资合作约束机制。通过分析集成融资模式的风险形成，从委托代理和信息不对称角度阐述其风险成因，进而从政策风险、市场风险、借贷机构风险、政府风险、项目公司风险、项目阶段性风险和合同风险7个方面构建集成融资风险等级全息模型框架，剖析其主要风险。为度量集成融资风险程度，本章将建立风险评价指标体系，提出融资风险评价的模糊综合评判方法，并从政府、社会投资者、项目公司3个方面完善风险分担框架。

6.1　集成融资模式的合作约束机制

6.1.1　采取合作约束原因分析

　　从集成融资模式设计的实质来看，若想协调组织成员(利益相关者)之间的利益关系，达到利益平衡，需要一种协调约束机制以协调各方关系，约束其行为，激励其产生积极合作的意愿。

　　(1)利益取向不一致。

　　因各个利益相关者自身的角色不同，在土地整治项目实施中不可避免地会出现各种分歧。要想减少分歧的发生，需要利益相关者都从项目整体利益出发，通过构建合作约束机制，协调利益相关者的关系，克服利益取向不一致的情况。

　　(2)信息沟通不畅通。

　　土地整治项目中利益相关者较多，参与各方掌握的信息差异较大，而且参与各方的能力和素质参差不齐。因此，如果信息沟通不畅，会产生信息不对称，而各利益相关者只会依据自己掌握的信息做出判断，从而出现各自为政的情况，这就需要一个合作机制，使相关各方信息共享、资源共用，实现项目整体效益最大化。

（3）合同修订的需要。

土地整治项目周期较长,签订项目合同时,很难将未来可能遇到的问题全部想到,也无法在合同中列出应对方法,只能在出现矛盾时,再进一步协商。对于已经签订的合同,随着项目的实施,对其中一方显失公允,必然会产生利益冲突。而冲突的解决需要建立合作约束机制。

（4）资源需求多元化。

土地整治项目集成融资需要各类资源输入,如施工时机械设备进场,拆迁时相关部门均要参与。面对复杂的资源输入,要提高项目运行效率,需要建立合作约束机制,加强各方合作,促进各类资源的合理整合与配置。

6.1.2　合作协调机制

土地整治项目集成融资实施中,各主要利益相关者会投入一定数量的资源,以实现各自的利益。这些资源进入项目后,被整合转化,形成成本,这就产生了各种利益关系。而这些利益关系随着市场环境的变化和主要利益相关者各自利益诉求的变动,会发生改变。各方投入的资源越多,这种利益关系越稳固,各方中途退出的可能性也就越小,从而使各方以项目总体目标为核心,相互配合,展开合作。随着相互了解和磨合,各方逐步形成一种文化,这种文化对各方起到软约束作用。

但当内部利益分配出现偏差或外部环境发生变化时,如出现其他机会,各利益相关者之间就会产生冲突,如果处理不好,则会产生矛盾,进而阻碍合作,因此需要建立合作协调机制。

合作协调机制就是要协调、管理好利益相关者的关系,使各方处于合作状态,可以使用契约性协调机制（如目标协调机制、利益分配机制、信息共享机制、冲突处理机制）和非契约性协调机制（如合作信任机制、文化协调机制）等相应手段和方法来解决问题（图 6-1）。

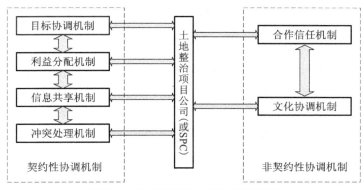

图 6-1　集成融资模式合作协调机制

（1）目标协调机制。

土地整治项目涉及的利益相关者众多，这也就构成了一个多目标的整体。从项目管理的角度来看，项目实施质量、工期、成本都有控制要求。从各利益相关者的目标利益来看，政府是为了整体的公共利益（主要是社会效益和生态效益），社会投资者更关注经济收益，而农户可以获得安置房、拆迁补偿和一定的经济收益。

各个利益相关者的目标和整个项目的总体目标交织在一起，形成了一个目标体系。而各个利益相关者的单一目标的实现，可能在项目的实施中发挥正效应，也可能发挥负效应。建立目标协调机制就是对各目标进行协调、优化，使各个利益相关者为实现项目的共同目标而努力。

（2）利益分配机制。

利益是集成融资模式存在的动力和基础，利益的分配直接影响各利益相关者的行为。因此，合理的利益分配机制是整个项目稳定运转的基础和关键，这就需要从投入、收益、风险等多个方面综合考虑，构建收益分配机制。通过准确计量投入成本，确定投入与产出及收益之间的关系。当然，投入不仅仅是直接投入，还包括一些隐性的投入，如品牌、声誉。同时还要考虑投入者所面临的风险，要将投入、风险、收益有机联系起来，按照"风险越大收益越高"的原则，构建利益分配机制。

利益分配机制是合作协调机制中最重要的内容，将在6.2节中单独论述。

（3）信息共享机制。

信息传递及时、交流方便是进行有效沟通的重要途径。有效的沟通能够避免由信息不对称引发的一些冲突矛盾，使各方向着共同的方向发展。这就需要各利益相关者站在土地整治项目整体利益的高度，突破狭隘的企业框架，建立共同的信息平台，做到资源共享，从而使各利益相关者进入同一个合作圈。构建快速及时反应的机制，能够使各方参与集成融资的全过程，为项目管理提供便捷的方式。

（4）冲突处理机制。

项目在实施过程当中必然会遇到一些问题，甚至会发生冲突和矛盾，这些问题、冲突和矛盾可能是由政府与社会投资者之间因利益分配相争引起的，也可能是与待搬迁农户无法达成补偿协议造成的，还可能是银行贷款与项目公司之间的争议引发的，等等。在集成融资中，可预先建立冲突处理机制，做好沟通交流，以避免冲突升级。

（5）合作信任机制。

各方参与者通过合作，可以取长补短，增强项目的综合实力；各方参与者相互信任,可以更加有效地规避冲突,从而使参与者之间的联系更加紧密。

(6)文化协调机制。

文化是影响利益相关者交往的隐形因素。合作之前,利益相关者已经有各自的企业文化。这些不同的企业文化会有较大差异,这就需要进行有效的沟通,营造良好的氛围,使各利益相关者自觉地约束不良行为,通过行为规范、道德准则等约束各方的行为和协调各方之间的关系。

6.1.3　约束监督机制

土地整治具有公益性,其集成融资是市场化的重要手段,市场影响着土地整治目标的实现。政府监督也是土地整治项目集成融资的重要手段。

从市场来看,通过竞争手段可以建立市场竞争机制、行业约束机制和信誉约束机制,从而对集成融资运作进行调节和约束;从法律层面,可以建立法律约束机制;从监督层面,可以建立地方政府监督、资金监管、审计监督等机制(图 6-2)。

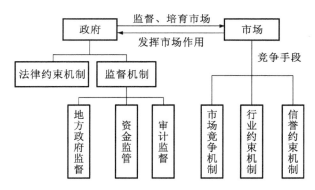

图 6-2　集成融资模式约束监督机制

(1)市场监督机制。

市场监督机制包括市场竞争机制、信誉约束机制和行业约束机制。市场竞争机制通过构建一系列的制度安排,如土地整治项目可行性研究、规划、设计、监理、施工采取招投标方式,招投标工作在政府招标平台统一进行,上收部分管理权,形成公平、公正、透明、公开的竞争环境,这种竞争环境可以使各利益相关者采取合理的合作策略,配置资源。信誉是企业的名片,是社会对企业的认可,也是企业对社会的一种承诺。信誉约束机制是一种成本更低的隐性约束机制。行业自律是发达的市场经济对市场主体的筛选和自觉规范,例如土地整治设计单位可以由行业协会(如土地学会等)进行管理、监督,从而保障行业的规范。

（2）法律约束机制。

法律约束机制通过制定和完善社会法律,体现监督、协调两个方面。土地整治集成融资周期较长、投资额大、利益相关者多。因此,在运行过程当中,政府可以制定一套政策（如拆迁补偿标准、政府与投资方收益分配政策、土地整治项目操作流程等）,从制度上保障项目正常运转。对于违反政策制度的行为,将给予惩处,从而为协调保障机制奠定基础。

（3）政府监督机制。

各利益相关者受自身利益取向的影响,可能会做出对项目目标有危害的行为,如投资方资金不能按时到位、投资方补偿不到位、拆迁中农户提出无理诉求、村民临时提出规划中未涉及的要求,而一些协调方式由于受到市场机制或者自身的约束无法起到作用。因此,还需要政府采取更为直接的方式参与监督。当然,此时政府扮演双重角色,既是利益相关者,又是监督者。

政府可以通过直接参与监督的方式进行监督,也可以通过资金监管、事前审计、跟踪审计、事后审计等方式进行监督。

6.2　集成融资模式的利益分配机制

社会资本投资土地整治,最根本的目的为赚取利润。因此,价值规律将贯穿项目的全寿命周期,也将贯穿整个利益共享过程。实践中,利益相关者会要求公平、合理地实现利益共享。科学、合理的利益分配机制是集成融资模式成功的关键。

6.2.1　利益分配影响因素

（1）项目各方投入比重。

集成融资强调各合作方基于项目总目标的投入产出能力重构。在项目过程中,参与项目的企业会投入大量的资金、设备,政府也会投入一部分资金及制定优惠政策,甚至村集体也会投入大量的人力及部分设备。项目各方投入的资源对整个项目的贡献率便构成了影响项目利益分配的最主要因素。按照投入收益对等原则[①],项目各方付出的成本越高,其分配的利益也就越多。

（2）项目各方的重要性。

项目各方发挥的作用不同。尤其是土地整治融资刚刚起步,项目只有盈利

---

① 李学瑞,汤小槽,金晓斌,等.土地整理复垦开发重大项目特征与管理模式研究[J].中国土地科学,2009,23(9):59-62.

才能吸引社会投资,这时企业的融资地位就特别突出。同时,土地整治项目中各方之间的合作关系(含时间、深度、广度、信任程度)决定了其在项目中所处的地位。各方在项目中形成的合作关系越稳定,其发挥的作用就越大,这种作用将提高其在项目利益分配中的话语权。因此,各利益相关者的重要性是影响项目利益分配的重要因素。

(3)各方风险分摊。

集成融资中合作方通过资源优势互补展开合作,投入较多的一方往往承担的风险更大。显然,各合作方承担的风险越大,其期望获得的利益也就越多。集成融资中各方进行共赢合作的重要条件就是在分配利益时,应按照"谁投资多,谁风险大,谁收益就高"的原则。因此,风险分摊成为项目各方获取更多利益分配权的重要依据。

(4)项目合同执行度。

项目合同执行度是项目公司运转的重要保障。合同管理不仅要投入人力,更需要投入财力,尤其是土地整治会有大量农户参与,这会增加项目的成本支出。若项目公司与大量的农户签订合同,这会增加公司的合同成本,同时也会带来潜在的合同违约风险。因此,应充分发挥地方政府和村集体的作用,一方面有利于各合作方减轻合同管理的负担,另一方面有利于项目公司强化管理。在集成融资的合作过程中,各方都存在机会主义,甚至会出现违约行为,而项目合同执行度可以衡量各方为项目付出努力的程度。为实现项目的利益最大化及体现合理、公平原则,项目合同执行度也成为各合作方利益分配的重要依据。

6.2.2　利益分配原则

(1)多方共赢原则。

保障项目有利可图、实现预期收益是各利益相关者参与项目的主要目的。因此,要保障土地整治项目是盈利的,这样才能使各利益相关者有共同的目标,形成合作关系。

(2)成本、收益、风险相匹配原则。

一般来说,付出的成本越高,其收益也越高;承担的风险越大,其收益也越高。因此,在土地整治的集成融资过程中,如果某一利益相关者承担了较大的成本份额,这意味着其投入较多,也应该享受较大份额的收益;同时投入较多,往往意味着更多的风险,即其承担的风险更大;一旦风险成为现实,其损失也更大。所以,分配收益时,应按照"谁投资多,谁风险大,谁收益就高"的原则,把收益与成本和风险结合起来考虑,从而更好地激励各利益相关者。

（3）项目公司优先的原则。

鉴于当前土地整治融资刚刚起步,代表社会投资者利益,同时也代表政府利益的项目公司,是由两个主要利益相关者共同组建的,它也是两方共同利益的代表。因此,项目实施过程中在保障农民权益的前提下,可以优先保证项目公司的盈利,吸引社会投资者投资。

6.2.3　利益分配范围

实施土地整治项目能够提高粮食综合生产能力,增加耕地数量,提高土地质量,能够带来显著的经济效益、社会效益、生态效益。其主要收益如下:

（1）整治后新增农用地(含耕地)每年的种植(养殖等)收益。

农用地整治和建设用地整治会增加一定数量的农用地,主要是新增耕地。按照"谁投资,谁收益"的原则,在村组同意的前提下,新增农用地由投资人进行种植或养殖。投资人可以单独使用,也可以将其与原有耕地等一起进行规模经营,获取种植或养殖收益。投资人还可以将其出租,获得租赁收益。

（2）整治后原有耕地每年的种植(养殖等)收益(含规模经营收益)。

整治后原有耕地的农业生产效率明显提高,其经济收益更加有保障,为规模经营创造了条件。土地整治项目实施后,在农户自愿的前提下,原有耕地可以结合土地流转,不再以承包经营的方式进行细化分配,而是通过租赁或流转等方式,按照市场交易价格,交由投资人进行规模经营,发展现代农业。这样可以最大限度地显化土地整治的资源价值。

（3）补充耕地指标交易收益。

农用地整治后形成的补充耕地指标成为耕地占补平衡战略中易地调剂的一种有价物。从 2014 年 3 月开展第一批补充耕地指标交易到 2015 年 8 月,江苏省共开展了 6 批补充耕地指标现场交易,累计成交指标面积 4215.48 公顷,成交总金额约为 54.22 亿元(表 6-1)。

表 6-1　　　　　　　　　**江苏省补充耕地指标交易情况**

交易批次	交易时间	参与的竞买人数量/个	参与项目数/个	成交项目数/个	成交指标面积/公顷	成交总金额/万元	每公顷成交额/万元
2014 年第 1 批	2014 年 3 月 28 日	11	11	11	515.47	49484.80	96
2014 年第 2 批	2014 年 6 月 26 日	15	27	26	666.67	64869.00	97
2014 年第 3 批	2014 年 9 月 29 日	24			1133.33	155743.61	137
2014 年第 4 批	2014 年 12 月 30 日	9	11	6	566.67	56745.15	100

续表 6-1

交易批次	交易时间	参与的竞买人数量/个	参与项目数/个	成交项目数/个	成交指标面积/公顷	成交总金额/万元	每公项成交额/万元
2015 年第 1 批	2015 年 4 月 29 日	13	17	15	666.67	69797.00	105
2015 年第 2 批	2015 年 8 月 6 日	10			666.67	145565.00	218
合计		82			4215.48	542204.56	

数据来源:根据原江苏省国土资源厅网站报道整理汇总,表中空白处数据缺失。

按照目前安徽、江苏等地的省内补充耕地指标交易市场规则,社会投资者或其项目公司获得补充耕地指标交易特许权后,可以将补充耕地指标交易收益作为市场化项目融资的重要资金来源。

(4)城乡建设用地增减挂钩节余指标交易收益。

获得增减挂钩节余指标交易特许权后,社会投资者或其项目公司可以将节余指标出售,其交易收益是农村建设用地整治项目的主要收益来源。目前湖北鄂州和浙江嘉兴等地开展的增减挂钩节余指标交易试点,建立了节余指标最低保护价制度、实时更新制度、交易信息披露制度和相应的管理制度,明确了指标交易的招标、拍卖、挂牌等多种方式,推动增减挂钩节余指标的调剂工作,从原来的由政府部门主导变为以市场调节为主,将实现城乡资金资源优势互补。

这为农村建设用地整治项目引入融资提供了动力支撑。在实践中,除了直接给予项目公司节余指标交易特许权外,也可以根据实际,给予项目公司优惠的价格使用节余指标等。

(5)安置房附带商铺及商品房开发收益。

农村建设用地整治中需要对搬迁农户进行安置。建设安置小区时一般会配套相应的商铺及少量商品房,这部分房屋可以由项目公司运营,从而获得较大的土地开发收益。

(6)城郊留用区经营性土地开发收益。

土地整治产生的节余指标可以用于城郊留用区经营性土地开发,政府可以把一定面积经营性土地的开发运营或者一定区域的城市土地整理交由项目公司负责,这样可以获得较高的土地开发收益,用这部分收益带动土地整治。

另外,项目实施中建设的泵站等设施,可以通过按照取水量的多少区别收费的方式为农户提供服务,农户可以按照"谁缴费,谁用水"的原则对土地整治提供的服务进行消费。但是该收益相对较低,本书未将其作为一种主要收益。

6.2.4 利益分配方法

(1)常用方法。

集成融资使各方共同参与,能够产生比各自单干更高的利润,而这一更高的利润是利益相关者争夺的焦点,也是整个利益分配的关键。很多学者通过研究总结高速公路、高铁等项目的利益分配,提出了多种利益分配方式,可以概括为Nash谈判模型、群体重心模型、MCRS(minimum cost-remaining savings)、股权比例分配法、Shapley值法[①]。

股权比例分配法和Shapley值法是较为普遍的方法,但它们都有各自的缺陷,股权比例分配法对成本小的一方不利,Shapley值法对成本大的一方不利。为解决这一矛盾,可以采用讨价还价模型来分配经济效益,以弥补上述两种方法的缺陷[②]。

(2)本书选用的方法。

对于土地整治项目,当补充耕地指标或增减挂钩节余指标等的交易收益低于项目的建设成本时,地方政府要拿出自己的间接经济效益来补偿社会投资者,以实现整体利益的优化。本书采用讨价还价模型,提出土地整治集成融资模式的利益分配方法。

假定土地整治的投资主体包括政府和社会投资者,本书通过建立博弈论模型确定经济利益在各投资主体间的分配。土地整治经济利益既包括种养殖收益、补充耕地指标交易收益、增减挂钩节余指标交易收益及留用区土地开发收益等直接经济效益,也包括开展土地整治带动当地经济发展所获得的净效益等间接经济效益。

6.2.5 投资主体间利益分配的博弈分析

由于影响利益分配的因素有很多,为了简化分析过程,现对模型做如下假设:

(1)只存在政府和一个社会投资者。

(2)时间是有价值的,并且存在交易成本,从而促使双方以尽可能少的谈判次数尽快达成协议。设消耗系数为 ρ,表示由谈判费用和利息损失等引起双方效益减少的损失折扣,且 $0<\rho<1$;设第 1 轮讨价还价确定的政府利益为 X_1,社

---

① 郭大为.国外高速铁路建设与运营组织模式[J].铁道运输与经济,2004,26(8):79-81.

② 刘铮.中国高速铁路可持续的投融资模式研究[D].北京:清华大学,2008.

会投资者获得的利益为 Y_1；第 2 轮讨价还价确定的政府利益为 X_2，社会投资者获得的利益为 Y_2，以此类推，则有第 n 轮讨价还价确定的政府利益：

$$X_n = \frac{X_{n-1}}{1+\rho} \tag{6-1}$$

（3）设项目获得的总收益为 M，则 $X_n + Y_n = M$。

（4）政府和社会投资者能接受的收益底线分别为 X'、Y' 并且有 $X' + Y' \leqslant M$。

对轮流提出方案的过程做如下分析：

（1）第 1 次谈判，由政府提出效益分配方案 (X_1, Y_1)。如果社会投资者选择接受，则结束谈判，按所提的方案实施效益分配；如果不接受，则进行第 2 次谈判。

（2）第 2 次谈判，由社会投资者提出效益分配方案 (X_2, Y_2)。同理，如果政府选择接受，则结束谈判，按所提的方案实施效益分配。而此时由于第 2 次谈判会消耗谈判费用和利息，因此政府所得 X_2 相比第 1 次谈判所得 X_1 已经有折扣：

$$X_2 = \frac{X_1}{1+\rho} \tag{6-2}$$

同样，社会投资者所得也有折扣。如果政府选择不接受，则进行第 3 次谈判。

（3）第 3 次谈判，由政府提出效益分配方案 (X_3, Y_3)。同理，社会投资者可以选择接受或者不接受，两者利益再次打折。如果社会投资者选择不接受，则继续谈判，一直到双方达成协议为止。

在政府和社会投资者轮流提出方案的过程中，双方都希望对方能够接受自己所提的方案，实现自己利益的最大化。在这种行为假设下，可用逆序归纳法求解该博弈的纳什均衡。

假设第 5 次谈判得到均衡解 (X_5, Y_5)，那么在第 4 次谈判中（假设由社会投资者提出效益分配方案），社会投资者提出的方案分配给政府的效益至少为

$$\begin{cases} \max Y_4 \\ \text{s.t. } X_4 \geqslant X_5/(1+\rho) \end{cases} \tag{6-3}$$

最优解 $X_4^* = M - X_5/(1+\rho)$，从而得到利益分配结果 (X_4, Y_4) 的值为 $[X_5/(1+\rho), M - X_5/(1+\rho)]$。

同理，采用该约束条件，能够计算得出第 3 轮、第 2 轮、第 1 轮谈判相应的分配结果。

6.2.6　扩展的多主体之间讨价还价模型

以上讨价还价模型目前只适用于对两个主体进行分析，但是在土地整治项

目融资中,利益相关者较多,甚至仅社会投资者就往往涉及多人,因此可以综合股权比例分配法和 Shapley 值法的优点,对以上讨价还价模型进行扩展,使其适用于有多个主体的利益分配机制。

扩展的多主体之间讨价还价模型的分析步骤如下:

首先,设利益相关者(这里主要是出资人,设有 n 个)的成本为 C,将各利益相关者按投资大小顺序排列为

$$\{C_1,C_2,\cdots,C_n\},且\{C_1>C_2>\cdots>C_n\}$$

其次,对所有出资人按两人一组进行编组,成本最大的出资人与成本最小的出资人一组,成本第二大的出资人与成本第二小的出资人一组,依次类推(若出资人数量为奇数,则剩下一个出资人单独为一组)。即 $\{C_1,C_n\}$ 为第一组,$\{C_2,C_{n-1}\}$ 为第二组,依次类推,若 n 为奇数,则中间的一个单独为一组。该步骤主要是平衡各组之间的成本,缩小各组之间的成本差额。

再次,采用 Shapley 值法开展利益分配,也就是平均分配利润,由于已经通过排列组合将各组间的成本差额缩小,这种方法对 Shapley 值法做了改进,出资人进行利润分配的缺陷有所改善。当然,若 n 为奇数,中间单独的一个组只有一个成员,其利润为其他小组的一半。

最后,通过这种转换将多人博弈转换为双人博弈,也就是说,在每个小组的两个成员之间可以采用上一节的讨价还价模型进行利益分配。

6.3　集成融资模式的风险分担机制

6.3.1　风险形成

(1)风险产生。

土地整治项目的开展是一个动态的过程[①],在实施中受到诸多因素的影响,既包括自然环境条件的影响,也包括社会环境、经济环境的影响。实施中存在一些不确定因素,如农户对项目的支持程度,农户是否赞同农用地整治中的权属调整方案,农户是否愿意搬迁,以及项目实施中资金能否及时到位,安置房建设能否按时交付。这就产生了各种风险,需要项目管理者进行必要的风险识别,对可能的风险因素,特别是那些发生概率较大或一旦发生危害较大的风险因素,进行科学的识别和评价,提出合理的风险分担方案。

如前所述,土地整治已经成为统筹城乡发展、推进新型城镇化和农业现代化

---

① 张晨.土地整治资金筹措与风险防范[D].南昌:江西农业大学,2012.

的重要举措,资金需求和投入较大。因此,项目实施中项目管理者要有较强的风险意识,采用科学的方法进行风险识别,找出影响较大的风险因素,从而制定合理的风险分担和规避机制。

可见,土地整治集成融资涉及工作内容多,时间较长,其环境变化必然带来一定的风险,而风险问题处理是否得当,是决定项目能否成功的重要因素。为此,制订风险分担方案显得尤为重要。由于集成融资模式综合了 BOT、TOT 和 PPP 模式的优势,因此该模式相对应的风险分担方案会将所有的风险都分配给最合适的利益相关者承担。

(2)风险特点。

①可以承担风险的利益相关者多。

利益相关者多是集成融资的一个重大特征,由此,其风险承担者较多,也就成为一个显著特征,这正是集成融资模式的优势,它能够将项目实施过程中产生的风险分给更多的承担者共同承担,这也是它区别于一般的建设工程或者投资项目的一个优势。土地整治项目由于融资渠道具有多元性,因此需要利益相关者相互合作,进而相互影响,相互作用,一旦发生风险事件,共同承担相应的风险。

②风险周期更长。

作为统筹城乡发展,落实新型城镇化、农业现代化的重要举措,当前和未来土地整治将作为协调区域发展、化解区域经济社会发展矛盾的重要手段,资金需求量大,投资时间长。

从项目实施的角度看,项目资金将贯穿土地整治项目的全寿命周期,在项目申报审批时就可筹集资金;在项目实施阶段,要投入大量的现金流以保障项目能够顺利按照计划进度开展,也就是说资金能否足额到位至关重要。而且土地整治,特别是农用地整治,项目收益不像一般建设工程的收益那样,在完工一年之内就能显现出来,而是需要较长的时间,甚至 10 年以上才能够回收。因此,土地整治集成融资较一般项目而言,风险周期更长。

③风险之间相互联系。

土地整治集成融资的另一个风险特征是风险具有联系性和传递性。一般建设工程项目是分阶段实施的,或者各个阶段之间的风险没有联系,多半呈现出相对独立的特征,风险因素也相对独立。但土地整治项目实施过程当中各项工作前后连贯性较强,影响较大。例如,农用地整治涉及的青苗补偿、树木补偿、迁坟等工作,如果不能及时完成,将影响整个工期,从而影响融资的时间和融资的效率。同样,在农村建设用地整治中,往往会出现 90% 以上的农户半个月即可完成搬迁,而总会剩 3~5 家农户无法达成协议,搬迁甚至推迟半年以上,从而影响项目实施的进度。再如,安置房建设能否顺利实施,主要看项目资金能否按时到位。实践中,常常出现安置房建设滞后,导致农户搬迁后 3～5 年安置房仍未交付的情况。

(3)风险成因。

土地整治集成融资涉及的利益相关者较多,由政府和社会投资者委托项目公司实施项目,而项目公司与众多的参与者进行沟通,涉及委托代理问题和信息不对称的问题。这两个问题也是集成融资风险产生的主要方面,本书主要从委托代理和信息不对称角度分析集成融资风险的成因。

①委托代理问题产生的集成融资风险分析。

政府和土地整治项目公司是实施土地整治项目的两个主体。在城乡统筹发展的背景下,政府为了推进新型城镇化和农业现代化,缓解区域用地矛盾,大力推进土地整治项目。由社会投资者(也可能与政府共同)成立的土地整治项目公司,以其代理人的角色开展项目,最终使政府的目标能够实现。在这种契约关系下,为了使交易双方的利益能够得到协调,项目公司希望签订特许经营权协议,即政府将特许经营权授权给项目公司使用。

然而政府、社会投资者、项目公司之间存在信息不对称,项目公司的专业性更强,了解更多行业、市场信息,更具有优势,而政府通常对政策的把握更有优势。由此,作为代理人的项目公司,在追求自身效益最大化的同时,可能无法实现政府的效益最大化,而由于监督成本的存在,政府也无法无时无刻进行监督。因此,政府依然会和项目公司签订合同,但这个合同已经存在风险。有时政府为规避自身利益受损,可能会提出"(政府)零投资、零风险"的模式,最终将所有项目风险全部转移给项目公司,而社会投资者成立的土地整治项目公司,通常为了生存也会愿意签订该合同,从而导致合同风险的产生。

②信息不对称产生的集成融资风险分析。

土地整治集成融资的利益相关者主要包括地方政府(当地土地整治中心)、项目发起人(社会投资者)、土地整治项目公司、借贷机构、土地整治项目运营单位、指标购买者或土地使用者、规划设计建设监理单位及材料设备供应者、融资顾问、项目区村委会和农户、保险公司、社会公众等。

根据现代契约理论,合同是在有限理性、信息不对称条件下签订的。在土地整治项目中,利益相关者的利益取向不同,容易产生信息不对称。为了使集成融资项目顺利实施,项目公司与政府之间,项目公司与借贷机构之间,项目公司与保险公司之间,保险公司与银行之间,项目公司与规划设计建设监理单位及材料设备供应者之间,项目公司以及村委会和农户之间签订了各种合同,这些合同也就具有一定的风险性。

在土地整治集成融资过程中,项目融资环境发生着变化,如国家政策变动、贷款利率变化、项目实施的建设成本变化、搬迁安置成本变化、种养殖业市场变化、补充耕地指标交易价格变化、增减挂钩节余指标交易价格变化,这些变化都造成了集成融资的信息不对称,从而造成项目的不确定性,形成了集成融资的外生风险。

众多项目合同在签订后,也会存在内生性信息不对称,即合同相对方无法观察、无法监督,也无法推测另一方的行为。项目公司的经营能力、建设单位的施工能力无法观察、监督从而导致信息不对称,形成了土地整治集成融资的内生风险。

由于信息不对称,众多项目合同签订后存在的一些不确定性,也就带来了违约的可能性。也就是说,当一方当事人不能或不愿按照合同履行职责时,就产生了违约风险。例如,当项目收益未能达到合同约定的最低收益时,政府拒绝向项目公司支付相应的补偿费用,面临着政府的违约风险,进而项目公司不能按时还贷,使项目公司面临信用风险;又如,项目公司不按照合同与政府共同分享指标收益,面临着项目公司的违约风险。

6.3.2　风险识别

风险识别就是对集成融资中所面临的或潜在的风险加以判断、分类,进而识别的过程。由于土地整治项目周期长,利益相关者多,在实际操作当中,不可能对所有的风险都进行详细的分析、归纳。事实上,风险识别的主要任务是找出那些发生概率大的风险和一旦发生危害巨大的风险,并对其进行详细分析,提出有效的应对措施。

(1)风险识别原则。

系统分析原则:在集成融资的风险研究当中,应该将参与的企业、部门或者个人视为一个整体,视为一个系统,因为系统中的每个成员、每一个步骤都相互影响,相互作用。例如,项目资本金到位情况影响项目是否能够按时完工。因此,应该采用系统论的观点,较为全面地识别风险事件和风险源。

全面动态原则:土地整治项目的实施是一个动态发展的过程,受区域社会经济发展水平、当地自然环境条件的影响,也受资金是否充足、是否能够按时到位,农户是否支持等问题的影响,而且这些影响贯穿项目的全寿命周期。因此,风险识别应把握全面动态的原则,从项目的提出开始到项目施工验收,直至项目经营期结束,其中都可能会面临风险和影响因素,对它们都需要进行分析、整理。也就是说,要全面考虑土地整治过程中可能存在的风险,找出核心风险源,以便有效地监督和管理。

　　谨慎性原则:土地整治项目资金需求巨大,而且涉及老百姓的切身利益,一旦发生风险,其影响可能较为恶劣,甚至可能引发群体性事件。因此,必须谨慎地对待每一个可能的风险因素。

　　(2)风险识别方法。

　　风险识别方法较多,总结起来,主要有流程图法、风险举例法、财务报表分析法、分解分析法、风险分类核对法等。这些方法对风险识别各有利弊,且对于风险源的把握往往不够全面。

　　风险识别的等级全息建模(hierarchical holographic modeling, HHM)方法可以根据风险出现的维度、层次、结构的不同来进行系统、全面的分析识别,从而构建多维度、多层次、多结构风险体系,解决复杂的系统、全面识别风险的问题[1][2]。本书将其运用到土地整治集成融资风险识别中,从各种可能的角度对风险进行识别,使得获得的各种可能风险因素更加接近真实情况。

　　可以将集成融资看作一个复杂的系统,这主要体现在项目周期较长,各利益相关者较多,从而引起的风险和不确定性因素较多。在集成融资模式当中,项目公司是实施项目的核心。本书运用等级全息建模方法,从项目公司面临的政策风险、市场风险、借贷机构风险、政府风险、项目公司风险、项目阶段性风险和合同风险出发,对集成融资风险进行识别,这些风险也构成了集成融资风险等级全息模型框架(图6-3)。

　　(3)主要风险分析。

　　①政策风险。

　　政策风险主要是由国家关于土地整治的大政方针的改变引起的。集成融资模式引入了项目融资的新理念,这些新的金融产品需要一定的政策支持。这是因为集成融资模式的引入通常是以指定区域的补充耕地指标、增减挂钩节余指标等为标的物,这也是对将来项目还本付息的一种承诺和有效凭证。但就目前而言,土地整治的法律体系尚不完备,对这一问题的规范尚缺少具体的条款规定,缺乏可操作性。

　　随着时间的推移,土地整治理念逐步变化,土地整治的内涵也会发生变化,特别是目前实施的城乡建设用地增减挂钩政策,在解决区域城乡用地矛盾的同时,也引发了"农民被上楼"的怪现象,受到了一些批评。可见,农村土地政策、土

---

　　①　宋浩,李建平,蔡晨,等.基于 meta-analysis 和等级全息建模的可信软件开发风险识别研究[J].武汉大学学报(理学版),2012(3):260-268.

　　②　段小萍.中国合同能源管理(EPC)项目融资风险管理研究[D].长沙:中南大学,2013.

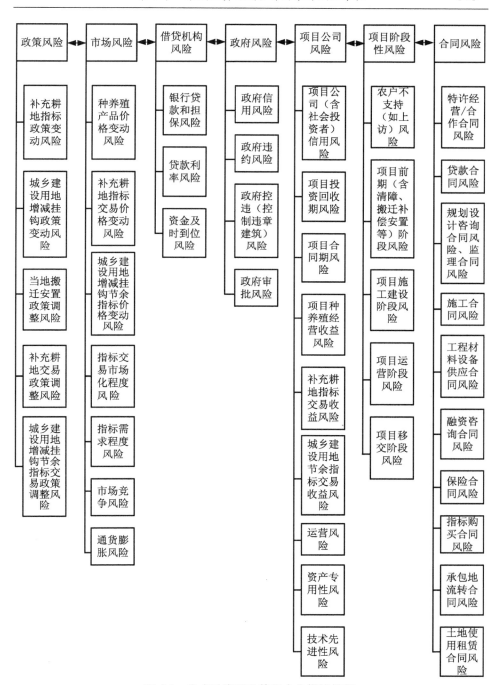

图 6-3　集成融资风险等级全息模型框架

地整治政策、融资体制的不健全,加大了集成融资过程中的各类风险。

当前,政策风险主要是补充耕地指标、城乡建设用地增减挂钩政策变动风险,当地搬迁安置政策调整风险,补充耕地交易政策调整风险,城乡建设用地增减挂钩节余指标交易政策调整风险等。

②市场风险。

市场风险主要指市场交易风险。土地整治项目贷款的还款来源主要为种养殖收益、补充耕地指标交易收益和城乡建设用地增减挂钩节余指标交易收益。如果种养殖收益或指标交易价格达不到项目预期的价格,将导致无法还贷。

市场风险主要包括种养殖产品价格变动风险、补充耕地指标交易价格变动风险、城乡建设用地增减挂钩节余指标价格变动风险、指标交易市场化程度风险、指标需求程度风险、市场竞争风险、通货膨胀风险等。

③借贷机构风险。

借贷机构风险主要是银行贷款和担保风险、贷款利率风险、资金及时到位风险等。由于土地整治项目投资高,借贷多,利率的上下波动使土地整治项目的成本支出发生变化,使整治项目预期收益不确定,从而产生利率风险。

④政府风险。

政府风险主要包括政府信用风险、政府违约风险、政府控违(控制违章建筑)风险、政府审批风险等。集成融资中,项目贷款需要以政府信用为承诺,因此政府的信用至关重要。而项目偿还本息,以政府的特许权为基础,如果政府违约,将给项目公司、社会投资者带来较大损失。

在农村建设用地整治中,农户的搬迁安置投入占总投资的比例较高,但由于当前农村房屋产权尚未登记,如果政府不能控制违章建筑,在项目审核时,搬迁农户就会为了获得更多补偿或安置房而积极"盖房",给项目实施带来巨大损失。政府对土地整治项目的审批也存在风险,如耕地占补平衡项目需要每年按规定时间上报,其地块面积和地类也严格遵循二调图,但二调图有时会与实地不符。城乡建设用地增减挂钩项目的实施需要审批,而这类项目审批一般采取分年度、分批次方式,审批往往没有固定时间。增减挂钩节余指标的顺利取得是项目能按进度实施的重要因素。

⑤项目公司风险。

项目公司风险主要包括项目公司(含社会投资者)信用风险、项目投资回收期风险、项目合同期风险、项目种养殖经营收益风险、补充耕地指标交易收益风险、城乡建设用地节余指标交易收益风险、运营风险、资产专用性风险、技术先进性风险等。

项目公司(含社会投资者)信用风险主要是指项目公司(含社会投资者)能否

按照规定、协议履行项目融资,及时获得贷款。应选择社会信誉好、管理水平高的企业或者社会投资者。土地整治具有较强的公益性,参与方较多,而且涉及农民的基本权益,所以其经济效益和社会效益并重,选择综合素质较高的经营者,对于保障项目的实施具有重要的意义。在项目建设阶段如果需要转换融资模式,还涉及多次移交,就存在运营风险。这就要求经营者能够对移交后的项目进行变更改造,使其能够适应市场竞争的需要。

在项目实施过程当中也可能会遇到各种不确定因素导致的项目变更,其会对后期的经营产生一定的影响,甚至会影响项目的未来收益。因此,项目变更和经营成本的不确定性构成了风险,这就需要专业的投资商进行投资。

⑥项目阶段性风险。

项目阶段性风险可以分为农户不支持(如上访)风险、项目前期(含清障、搬迁补偿安置等)阶段风险、项目施工建设阶段风险、项目运营阶段风险、项目移交阶段风险等。

农户不支持(如上访)风险主要是项目补偿是否到位、安置房分配是否满足农户需求或分配合理、农户是否愿意流转承包地等不确定因素可能引发个人上访、集体上访等极端事件的风险。

项目前期(含清障、搬迁补偿安置等)阶段风险,当前主要是清障搬迁风险。土地整治项目会涉及清障迁坟、房屋搬迁安置工作,这些工作政策法规性强,涉及老百姓的切身利益,关乎社会稳定,甚至容易引发群体性事件。

项目施工建设阶段风险多集中于施工单位是否按时保质保量施工。项目运营阶段风险主要是土地收益是否能够稳健、指标交易能否及时、价格是否满足成本需求。项目移交阶段风险主要考虑土地整治项目存在的使用寿命问题。由于在项目实施中,政府虽然发挥主导作用,但并不是土地的所有者,也不是最终的经营者,项目公司为满足经营期内利润最大化的要求,往往会出现经营的短视化倾向。

⑦合同风险。

集成融资模式相对复杂,涉及相当多的复杂关系方,必然需要签订大量的合同。合同风险主要包括特许经营/合作合同风险、贷款合同风险、规划设计咨询合同风险、监理合同风险、施工合同风险、工程材料设备供应合同风险、融资咨询合同风险、保险合同风险、指标购买合同风险、承包地流转合同风险、土地使用租赁合同风险等。

6.3.3 风险评价

经过风险识别以后,对集成融资风险有了初步认识,但对风险的大小和影响程度还缺少度量,需进一步分析评价。

(1)构建风险评价指标体系。

本书根据科学性、全面性、针对性原则,对集成融资风险等级全息模型涉及的政策风险等7个方面的风险进行融合、分析,去除重复的和针对性不强的指标,合并了一些细部支部,构建了集成融资风险评价指标体系(表6-2)。该指标体系包含农用地整治和农村建设用地整治这两类项目的指标,在进行具体项目风险评价时,可以根据项目性质对指标进行筛选。

表 6-2　　　　　　　　　　集成融资风险评价指标体系

目标层	准则层	指标层
集成融资风险评价	政策风险	城乡建设用地增减挂钩政策变动风险 当地搬迁安置政策调整风险 指标交易政策调整风险
	市场风险	种养殖产品或指标交易价格变动风险 指标交易市场化程度风险 指标需求程度风险
	借贷机构风险	银行贷款和担保风险 贷款利率风险 资金及时到位风险
	政府风险	政府控违(控制违章建筑)风险 政府审批风险
	项目公司风险	信用风险 种养殖经营或指标交易收益风险
	项目阶段性风险	农户不支持(如上访)风险 清障迁坟等风险 搬迁补偿安置风险
	合同风险	特许经营/合作合同风险 贷款合同风险 指标购买合同风险

注:该体系中的指标可以根据农用地整治或农村建设用地整治的实际进行选择。

(2)选择风险评价方法。

目前比较常用的项目融资风险评价方法有主成分分析法、层次分析法、BP人工神经网络评价法、灰色关联度法、模糊综合评价法等。这些方法各有优缺点和适用范围(表6-3)。

表 6-3　　　　　　　　　常用风险评价方法对比

常用方法	优点	缺点
主成分 分析法	解决复杂问题,提取主成分,凝练成几个主要因素	对样本数据的要求较高;凝练成的主成分是现实因子的组合,较难解释其真实意义
层次分析法	对数据要求不高,可以将定性问题定量化,结合专家意见得出结论,具有较强可信性,并能解决指标量化和多准则评价问题	只能选优,不能提供新方案
BP 人工神经网络评价法	具有自学习能力,擅长处理模糊、非线性、不完整、复杂的数据	学习速度较慢,限制了其运用
灰色 关联度法	能够将复杂环境下事物间的动态发展态势通过较少的样本数据进行较为精确的量化分析	要求提供具有时间序列特性的样本数据
模糊综合 评价法	能有效处理不精确的、模糊的信息,能将定性问题定量化处理,模拟人的综合判断推理,具有较强的综合判断能力	不能够直接得出各指标的权重,需要其他方法配合

通过这些方法的对比,不难发现,层次分析法对数据要求不高,可以将定性问题定量化,结合专家意见得出结论,具有较强可信性。模糊综合评价法能有效处理不精确的、模糊的信息,能将定性问题定量化处理,具有较强的综合判断能力,但无法确定指标权重。将层次分析法和模糊综合评价法结合使用,能克服两者自身的缺点,对风险这一不确定性问题的评价较为适用。

由风险等级全息模型和风险评价指标体系可知,集成融资的风险因素呈现出多层次、多方面的特征。因此,进行风险评价时,可以按照多因素综合评价的思路进行。

集成融资中,项目风险指标数据通常较难获取,层次分析法和模糊综合评价法能克服这一缺点,同时这两种方法集中了专家智慧,可行度和可信度较高。因此,本书综合运用层次分析法和模糊综合评价法来评价项目集成融资模式风险,以获得更客观、更能接近实际的风险值。

(3)确定评价指标权重。

本书采用层次分析法确定风险评价指标体系各指标的权重。首先,构建集成融资风险评价层次结构模型(图 6-4);然后,构成判断矩阵,进行层次单排序、层次总排序;最后进行一致性检验。

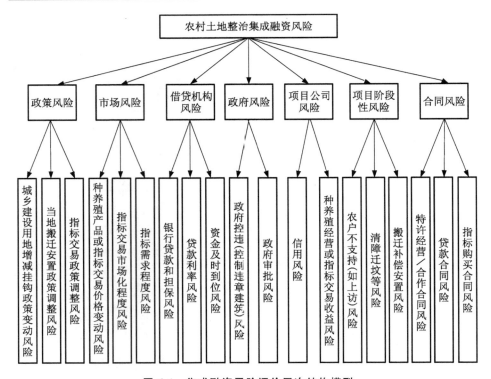

图 6-4　集成融资风险评价层次结构模型

（4）融资风险评价模型。

模糊综合评价法是应用模糊数学方法进行隶属度评判的一种综合评价方法，其特点是对事物的描述更加深入和客观[1][2][3]。

设 $U = \{u_1, u_2, \cdots, u_n\}$ 为评价因素集，$V = \{v_1, v_2, \cdots, v_n\}$ 为风险等级集。评价因素论域和风险等级论域之间的模糊关系用矩阵 $\boldsymbol{R}$ 来表示：

$$\boldsymbol{R} = \begin{bmatrix} r_{11} & r_{12} & \cdots & r_{1n} \\ r_{21} & r_{22} & \cdots & r_{2n} \\ \vdots & \vdots & & \vdots \\ r_{m1} & r_{m2} & \cdots & r_{mn} \end{bmatrix} \tag{6-4}$$

① 蒋晓芸,王齐.企业核心能力测度的多层次模糊综合评判数学模型[J].经济数学,2003(1):55-62.

② 李旭阳,郑光豹.模糊综合评判法在企业执行力评价中的应用[J].重庆工学院学报(社会科学版),2007,21(7):62-64.

③ 谢季坚,刘承平.模糊数学方法及其应用[M].2版.武汉:华中科技大学出版社,2000.

式中，$r_{ij}=\mu(u_i,v_j)(0\leqslant r_{ij}\leqslant1)$，表示就因素 u_i 而言被评为 v_j 的隶属度；矩阵 $\boldsymbol{R}$ 中的第 i 行 $R_i=(r_{i1},r_{i2},\cdots,r_{in})$ 为第 i 个评价因素 u_i 的单因素评判，它是风险等级集 V 的模糊子集。

假定 $a_1,a_2,\cdots,a_m$ 分别是评价因素 $u_1,u_2,\cdots,u_m$ 的权重，并满足 $a_1+a_2+\cdots+a_m=1$，令 $A=(a_1,a_2,\cdots,a_m)$，则 A 为反映因素权重的模糊集（即权向量）。

由权向量与模糊矩阵"合成"得到综合隶属度 B，即通过模糊运算 $B=A\cdot R$，求出模糊集 $B=(b_1,b_2,\cdots,b_n)(0\leqslant b_j\leqslant1)$，其中 $b_j=\sum\limits_{i=1}^{m}a_ir_{ij}(M(\cdot,+))$。

根据最大隶属度准则，$b_{i0}=\max\limits_{1\leqslant j\leqslant n}\{b_j\}$ 所对应的分级即为风险等级 i_0。

按照模糊综合评价法的基本思路，现采用 L-R 模糊数

$$\underline{x_{ij}}=(x_{ij},\underline{x_{ij}},\overline{x_{ij}})(j=1,2,\cdots,n_1)\qquad(6\text{-}5)$$

来表示相应的模糊状态指标（其中，x_{ij} 为其主值，$\underline{x_{ij}}$ 与 $\overline{x_{ij}}$ 分别为其左、右展形），并取上述的相应分值为其主值 x_{ij}，而其左右展形 $\underline{x_{ij}}$ 与 $\overline{x_{ij}}$ 则分别表示其偏左与偏右的程度，可由填表人说明其偏左与偏右的程度。可取 $\underline{x_{ij}}$ 或 $\overline{x_{ij}}$ 为零，特别地，当 $\underline{x_{ij}}$ 与 $\overline{x_{ij}}$ 同时为零时，即 $\underline{x_{ij}}=(x_{ij},0,0)$，则可认为此模糊状态指标 $\underline{x_{ij}}$ 即为普通状态指标 x_{ij}。

按照模糊综合评价法的基本思路，由于采用 L-R 模糊数表示相应的模糊变量，可以用以下算法：

①各模糊状态准则 $\underline{x_i}$ 的综合评价算法，在权重系数 w_{ij} 确定之后，可有

$$\underline{x_i}=\sum_{j=1}^{n_1}w_{ij}\,\underline{x_{ij}}(i=1,2,\cdots,m)\qquad(6\text{-}6)$$

进一步由 L-R 模糊数的运算规则，可展开写作：

$$\underline{x_i}=(x_i,\underline{x_i},\overline{x_i})=\Big(\sum_{j=1}^{n_1}w_{ij}x_{ij},\sum_{j=1}^{n_1}w_{ij}\,\underline{x_{ij}},\sum_{j=1}^{n_1}w_{ij}\,\overline{x_{ij}}\Big)\qquad(6\text{-}7)$$

其中，x_i 为 $\underline{x_i}$ 的主值，$\underline{x_i}$ 与 $\overline{x_i}$ 分别为 $\underline{x_i}$ 的左、右展形，亦分别表示其偏左与偏右的程度。

②模糊状态目标（即总体生存基础）的综合评价算法，在权重系数 w_i 确定之后，可有

$$\underline{x'}=\sum_{i=1}^{m}w_i\,\underline{x_i}\qquad(6\text{-}8)$$

类似地，可展开写作：

$$\underline{x'}=(x,\underline{x},\overline{x})=\Big(\sum_{i=1}^{m}w_i\,x,\sum_{i=1}^{m}w_i\,\underline{x},\sum_{i=1}^{m}w_i\,\overline{x}\Big)\qquad(6\text{-}9)$$

其中，x 为 $\underline{x'}$ 的主值，$\underline{x}$ 与 $\overline{x}$ 分别为 $\underline{x'}$ 的左、右展形，同样地可表示其偏左与偏右的程度。

6.3.4　风险分担

（1）风险分担原则。

风险分担指土地整治项目中多个利益相关者共担风险，是集成融资中作为项目所有人的政府所特有的风险管理策略，是在风险管理中正确处理各方利益关系的一种策略。集成融资模式中，通过合作约束机制，实现风险分担，合作同时意味着对后果和行为共同承担责任[①]。

风险分担的目的是通过风险分配使承担风险的主体能够独立地面对各自的风险，使分担风险的主体产生的风险管理成本最少，发生事故的概率最低，事故的损失最小，也就是将风险分摊给最适合的承担者。

设计合理的风险分担模型，有利于利益相关者保持稳健的收入，提高土地整治项目的吸引力，增强社会投资者的参与热情。

风险分担方案设计应遵循以下原则：

"谁承担的风险越大，谁的收益越高"的原则。将风险和收益结合起来是市场经济的基本要求，通常风险越大，收益越高。因此，采用集成融资模式应遵循这个原则，也就是说，各利益相关者谁承担的风险最大，谁就应该获得最高的经济回报。

"谁控制力强，谁承担"的原则。在土地整治项目中，不同的项目主体出于自身利益的考虑，其对待风险的态度，处理风险的能力，特别是对风险的控制能力，会有较大的差异。如果参与者没有能力处理风险，而强行要求他来承担，是不合理的，这时需要各参与方共同承担风险。因此，在风险分担和风险管理当中，应明确项目的主要风险因素有哪些，由谁来承担，谁可以承担，若风险造成损失将由谁负责。

（2）风险分担框架。

根据以上风险分担原则和风险分担模型，结合土地整治的特点，构建出集成融资的风险分担框架，框架如下：

①政府分担的风险。

政府作为土地整治项目的直接责任人，应该承担带有行政性质的风险，以及那些项目公司无控制力的风险，主要是政策风险、利率风险、政府控违（控制违章建筑）风险、政府审批风险、清障搬迁补偿安置等风险。例如，由国家土地整治政策发生重大变化或者行业管理规定发生重大变化造成的风险；没有有力控制违章建筑导致补偿大幅增加的风险；清障搬迁补偿安置导致进度落后或者引

---

①　王灏. PPP 的定义和分类研究［J］. 都市快轨交通，2004，17（5）：23-27.

发群体性事件的风险;还包括国家利率变动以及国家投融资政策变动带来的风险等。

②社会投资者分担的风险。

社会投资者投资土地整治的根本目的在于赚取经济收益,因此市场上的经济风险应该由社会投资者承担,主要包括种养殖产品价格变动风险、补充耕地指标交易价格变动风险、城乡建设用地增减挂钩节余指标价格变动风险、市场竞争风险、市场需求风险、通货膨胀风险、资金及时到位风险、特许经营/合作合同风险等。例如粮食市场波动造成粮食价格下浮,或者补充耕地指标交易价格走低等,影响了项目经济收益,这种风险属于市场造成的风险,应由社会投资者承担。

当然,社会投资者可以将利率风险、市场需求风险等转移给政府部门,如通过提前订立指标交易合同等交由政府承办,也可以通过选择合适的金融、保险等工具,减少自身损失。

③项目公司分担的风险。

项目公司作为具体运作项目的管理单位,一般承担项目全寿命周期的风险,主要是经营风险,例如,种养殖净收益风险、指标交易收益风险、运营风险等。

项目公司通常对这些风险有较强的控制力,在缺少对这些风险的控制力时,可以通过投保等方式进行风险转移,或者通过与政府签订最低收益保障协议等方式,保障自身的基本收益,使自身不亏本。

6.4　本 章 小 结

土地整治集成融资的利益相关者较多,其利益取向不一致,需要建立一系列合作约束机制,协调各方关系。本章从合作协调、利益分配和约束监督 3 个方面构建了合作约束机制。合作协调机制包括目标协调机制、利益分配机制、信息共享机制、冲突处理机制、合作信任机制和文化协调机制等。要协调好各方利益,可以采用扩展的多主体之间讨价还价模型构建利益分配机制。约束监督机制主要包括市场竞争机制、行业约束机制、信誉约束机制、法律约束机制以及地方政府监督、资金监管、审计监督等机制。这 3 个方面共同组成了合作约束机制,只有 3 方协调统一,共同发挥作用,才能维护各参与方利益,促进各利益相关者相互合作,相互配合,从而实现协同状态,实现项目的预期目标。

集成融资风险具有可以承担风险的主体多、风险周期长、风险之间相互联系的特征,委托代理问题和信息不对称的问题是形成集成融资风险的主要原因。本章根据系统分析原则、全面动态原则、谨慎性原则,建立了集成融资风险等级全息模型框架,涵盖政策、市场、借贷机构、政府、项目公司、项目阶段和项目合同

7个方面的风险,并以此构建了集成融资风险评价指标体系,提出了风险评价的模糊综合评价模型,用以度量项目风险程度。根据"谁承担的风险越大,谁的收益越高""谁控制力强,谁承担"的原则,本章设计了风险分担模型和风险分担框架:政府作为土地整治项目的直接责任人,应该承担带有行政性质的风险;市场上的经济风险应该由社会投资者承担;项目公司作为具体运作项目的管理单位,一般承担项目全寿命周期的风险,主要是经营风险,例如种养殖净收益风险、指标交易收益风险、运营风险等。

第7章 集成融资模式绩效评价与保障体系

土地整治集成融资模式具有提高项目运作效率、降低工程造价、确保工程质量、分担风险的优越性。本章采用 DHGF 算法,通过构建绩效评价指标体系,对土地整治集成融资模式的功能效果进行评价,显化其优势,同时从保障集成融资项目顺利实施的角度,分析现阶段集成融资的保障机制。

7.1 集成融资绩效评价

7.1.1 绩效评价方法

绩效评价方法有德尔菲法、层次分析法、综合指标评价法、数据包络分析方法(DEA 法)以及新近采用的 DHGF 算法等。

DHGF 算法是近年来发展起来的一种综合评价方法,具有良好的应用效果,这是因为它本身就是一种集多种方法于一身的综合集成方法,它集合了德尔菲法、层次分析法、灰色关联度法、模糊综合评价法等。DHGF 算法的另一个优点就是能够实现从定性到定量的评价,这为数据较难获取的绩效评价提供了一种很好的方法和思路。

本书采用 DHGF 算法,通过构建绩效评价指标体系,计算指标权重,从而构建绩效评价模型。这种评价具有综合性,与项目实际更加相符。

按照 DHGF 算法,土地整治项目集成融资绩效综合评价模型如图 7-1 所示。

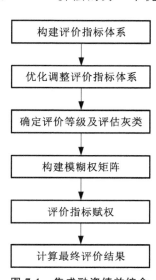

图 7-1 集成融资绩效综合评价 DHGF 算法模型

7.1.2 评价指标体系

与一般项目或政策的绩效评价不同,土地整治集成融资模式兼具经济的特性和社会的属性,它既要满足项目融资获取经济效益的要求,又要满足保护耕地、缓解用地矛盾、保障农户权益、促进区域统筹城乡发展的社会属性的要求。因此,集成融资绩效评价指标体系需要从不同层面、不同角度反映集成融资产生的经济、社会等各方面的效益,从而形成一系列指标的集合。处理数据时,应采用灰色关联度法和模糊综合评价法将定性指标转化为定量指标。

这样就不难看出,土地整治项目集成融资模式的绩效评价既要考虑项目自身产生的绩效状况,又要考虑它给社会发展所带来的社会效益状况。因此,本书从提高效率、降低造价、确保质量三个层面构建集成融资绩效评价指标体系。

提高效率主要体现集成融资模式对项目的推进是否更加有效,包括吸引社会资金比例、项目按时推进情形等指标;降低造价主要是集成融资模式带来的经济效益,主要是相关费用的节约或相关收益的增加,如工程施工费、拆迁补偿资金、相关规费、安置区资金等资金的节约或挂钩指标收益、耕地指标收益的增加;确保质量主要是项目验收合格状况、各方满意程度等(表7-1)。

表 7-1   **集成融资模式绩效评价指标体系**

目标层(O)	准则层(C)	指标层(P)
土地整治项目集成融资绩效评价(O)	提高效率(C_1)	吸引社会资金比例(P_{11})
		吸引银行贷款比例(P_{12})
		农地整理施工进度及时率(P_{13})
		拆迁进度按时率(P_{14})
		拆旧区复垦按时率(P_{15})
		拆旧区验收及时率(P_{16})
		安置房按时交付率(P_{17})
		资金按时到位率(P_{18})
		项目验收及时率(P_{19})
	降低造价(C_2,含提升收益)	工程施工费节约率(P_{21})
		拆迁补偿资金节约率(P_{22})
		相关规费节约率(P_{23})
		安置区资金节约率(P_{24})
		挂钩指标收益增加率(P_{25})
		投资利息节约率(P_{26})
		投资收回率(P_{27})
	确保质量(C_3,含保障农户权益)	立项面积与计划面积比例(P_{31})
		验收合格率(P_{32})
		拆迁人对安置房满意度(P_{33})
		政府(业主)满意度(P_{34})
		农户对项目支持率(P_{35})
		农户对青苗补偿满意率(P_{36})
		农户对拆迁补偿满意率(P_{37})

注:该体系中的指标可以根据农用地整治或农村建设用地整治的实际进行选择。

7.1.3　绩效评价程序

(1)优化及调整评价指标。

解决各指标之间存在的不同量纲问题,标准化为[0,1],量化时,应考虑指标是属于正指标还是负指标,对指标按照正指标"越大越好"、负指标"越小越好"的原则进行优化。

对于一些定性指标,本书采用专家打分的方式将其定量化。但不同专家的看法会有差异,专家打分会有较大误差。因此,本书采用灰色关联度法和模糊综合评价法处理专家的打分,对定性指标进行优化,尽量消除专家打分的误差。

(2)确定评价等级及评估灰类。

首先,明确项目集成融资绩效评价等级分值(表 7-2),从而评价等级集合

$$S = \{S_1, S_2, S_3, S_4\}^{\mathrm{T}} = \{0.9, 0.8, 0.7, 0.6\}^{\mathrm{T}} \tag{7-1}$$

表 7-2　　　　　　　　　　　　**绩效评价等级分值**

等级	优	良	中	差
分值	0.9	0.8	0.7	0.6

接下来确定评估灰类,即确定评价灰类的等级数、灰数及白化权函数。用 h_{li} 表示"优""良""中""差"四个等级的评价灰类。

刘思峰、谢乃明构建了一类中心点型三角白化权函数,改进了端点型三角白化权函数,结果表明中心点型三角白化权函数优于端点型三角白化权函数,新方法更加有效[①]。因此,本书构建灰数及白化权函数时采用中心点型三角白化权函数。

一是"优"的灰数及白化权函数。

设灰数为 $\otimes \in [0.8, +\infty)$,则此时白化权函数如下式:

$$f_1(h_{li}) = \begin{cases} \dfrac{1 - h_{li}}{1 - 0.9}, & h_{li} \in (0.9, 1] \\[2mm] \dfrac{h_{li} - 0.8}{0.9 - 0.8}, & h_{li} \in (0.8, 0.9] \\[2mm] 0, & h_{li} \notin [0.8, 1] \end{cases} \tag{7-2}$$

二是"良"的灰数及白化权函数。

设灰数为 $\otimes \in [0.7, 0.9]$,则此时白化权函数如下式:

---

① 刘思峰,谢乃明. 基于改进三角白化权函数的灰评估新方法[J]. 系统工程学报,2011,26(2):244-250.

$$f_2(h_{li}) = \begin{cases} \dfrac{0.9 - h_{li}}{0.9 - 0.8}, & h_{li} \in (0.8, 0.9] \\[2mm] \dfrac{h_{li} - 0.7}{0.8 - 0.7}, & h_{li} \in [0.7, 0.8] \\[2mm] 0, & h_{li} \notin [0.7, 0.9] \end{cases} \tag{7-3}$$

三是"中"的灰数及白化权函数。

设灰数为 $\otimes \in [0.6, 0.8]$，则此时白化权函数如下式：

$$f_3(h_{li}) = \begin{cases} \dfrac{0.8 - h_{li}}{0.8 - 0.7}, & h_{li} \in (0.7, 0.8] \\[2mm] \dfrac{h_{li} - 0.6}{0.7 - 0.6}, & h_{li} \in [0.6, 0.7] \\[2mm] 0, & h_{li} \notin [0.6, 0.8] \end{cases} \tag{7-4}$$

四是"差"的灰数及白化权函数。

设灰数为 $\otimes \in [0.5, 0.7]$，则此时白化权函数如下式：

$$f_4(h_{li}) = \begin{cases} \dfrac{0.7 - h_{li}}{0.7 - 0.6}, & h_{li} \in (0.6, 0.7] \\[2mm] \dfrac{h_{li} - 0.5}{0.6 - 0.5}, & h_{li} \in [0.5, 0.6] \\[2mm] 0, & h_{li} \notin [0.5, 0.7] \end{cases} \tag{7-5}$$

将灰类向不同方向延拓一类，成为"更优类"和"更差类"，构建白化权函数分别为：

五是"更优类"的灰数及白化权函数。白化权函数如下式：

$$f_0(h_{li}) = \begin{cases} \dfrac{1.1 - h_{li}}{1.1 - 1}, & h_{li} \in (1, 1.1] \\[2mm] \dfrac{h_{li} - 0.9}{1 - 0.9}, & h_{li} \in [0.9, 1] \\[2mm] 0, & h_{li} \notin [0.9, 1.1] \end{cases} \tag{7-6}$$

六是"更差类"的灰数及白化权函数。白化权函数如下式：

$$f_5(h_{li}) = \begin{cases} \dfrac{0.6 - h_{li}}{0.6 - 0.5}, & h_{li} \in (0.5, 0.6] \\[2mm] \dfrac{h_{li} - 0.4}{0.5 - 0.4}, & h_{li} \in [0.4, 0.5] \\[2mm] 0, & h_{li} \notin [0.4, 0.6] \end{cases} \tag{7-7}$$

(3)构建模糊权矩阵。

运用灰色统计法确定灰数的白化权函数，并计算出 h_{li} 属于第 j 类评估标准的权 $f_j(h_{li})$，则有

$$q_{ij} = \sum_{i}^{j} f_j(h_{li}) \tag{7-8}$$

$$Q_i = \sum_{j=1}^{q} q_{ij} \tag{7-9}$$

$$m_{ij} = \frac{q_{ij}}{q_i} \tag{7-10}$$

其中，q_{ij} 表示评判矩阵的灰色统计数，Q_i 表示灰色总统计数，m_{ij} 表示灰色评价权。

计算得出的 m_{ij} 和 m_{kj} 经过归一处理，并使得 $\sum_{j=1}^{4} m_{ij}$，$\sum_{j=1}^{4} m_{kj}$ 以构造系统评价指标的单因素模糊评价矩阵，并用 $\boldsymbol{M}$ 表示。

$$\boldsymbol{M} = \begin{bmatrix} m_{11} & m_{12} & m_{13} & m_{14} \\ m_{21} & m_{22} & m_{23} & m_{24} \\ m_{31} & m_{32} & m_{33} & m_{34} \\ \vdots & \vdots & \vdots & \vdots \\ m_{n1} & m_{n2} & m_{n3} & m_{n4} \end{bmatrix} \tag{7-11}$$

（4）赋权评价指标。

采用层次分析法对各评价指标进行赋权。权重用 β 表示。

（5）计算评价结果。

根据指标模糊加权矩阵以及模糊评判矩阵可以得到模糊综合评判矩阵，用 $\boldsymbol{A}$ 表示，计算过程如下：

$$\boldsymbol{A} = (\alpha_1, \alpha_2, \alpha_3, \alpha_4) = \beta \cdot \boldsymbol{M} = (\beta_1, \beta_2, \beta_3, \beta_4) \begin{bmatrix} m_{11} & m_{12} & m_{13} & m_{14} \\ m_{21} & m_{22} & m_{23} & m_{24} \\ m_{31} & m_{32} & m_{33} & m_{34} \\ \vdots & \vdots & \vdots & \vdots \\ m_{n1} & m_{n2} & m_{n3} & m_{n4} \end{bmatrix}$$

$$\tag{7-12}$$

求出 $\boldsymbol{A}$ 之后，需要计算最终评价结果 W，可根据计算公式 $W = \boldsymbol{A} \cdot S$，求得 W 数值。最后根据最终评价结果 W 确定项目评价等级，对土地整治项目集成融资效果进行综合评判。

7.2　集成融资保障体系

为了顺利推进土地整治集成融资模式的应用，保障项目的顺利实施，在现阶段还需要建立项目集成融资保障机制(图 7-2),其包括合作约束机制、风险分担机制、金融创新机制、法律保障机制和收益保障机制等内容。其中合作约束机制、风险分担机制在前文中已经论述,在此重点分析法律保障机制、金融创新机制、农民权益保障机制和收益保障机制。

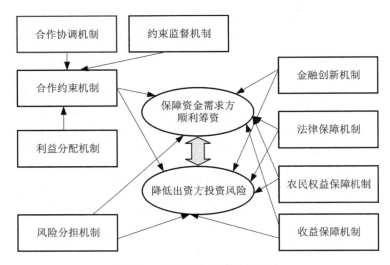

图 7-2　集成融资保障机制构建

7.2.1　法律保障机制

要使土地整治集成融资模式得以顺利实施,还需要进一步完善相关的法律法规,因为只有提供了保障集成融资模式实施的制度条件,集成融资才可能顺利实施,进而发挥作用。由于集成融资模式涉及政治、市场、法律、行政、群众等多个因素,尤其是社会经济环境,政府管制要求以及不同部门之间规定的差异,将严重阻碍其实施。要为集成融资的成功应用创造良好的制度条件,应该满足两个方面的要求:一是制度本身要具有内在激励性,由此能够形成持久、有力的动力;二是制度应具有内在的节约交易成本的作用,这对于降低整个社会的交易成本有比较重大的意义[①]。

当前,中国对于项目融资的公私合作制度以及政府如何监管,还缺少专门的法律法规。在土地管理、土地整治管理的相关法律法规中,也缺少相关内容,甚至在现行的法律规定当中,有些规定与公司合作所施行的内容有冲突,这些将影

---

① 格里姆赛,刘易斯.公私合作伙伴关系:基础设施供给和项目融资的全球革命[M].济邦咨询公司,译.北京:中国人民大学出版社,2008.

响社会投资者参与集成融资的积极性。如果社会投资者对政府行为和相关政策的预期缺少把握,面对复杂多变的市场环境,自身利益无法得到法律保障,会导致其信心不足,从而影响其投资热情,也影响其参与土地整治的持久性。

现阶段土地整治集成融资的法律保障机制包括以下 3 个方面。

(1)建立适用的项目融资规则体系。

完备的法律框架和规则体系是集成融资模式乃至项目融资模式可持续发展的基础,也有利于增强社会投资者的信心,降低项目风险。为鼓励社会资本参与公共事业投资,国务院于 2014 年 11 月出台了《关于创新重点领域投融资机制鼓励社会投资的指导意见》(国发〔2014〕60 号),这为社会资本特别是民间资本在公共服务、资源环境、生态建设、基础设施等重点领域进一步创新投融资机制提供了基础。国家发展和改革委员会于 2014 年 12 月出台《关于开展政府和社会资本合作的指导意见》(发改投资〔2014〕2724 号),提出了政府和社会资本合作的主要原则、范围、模式、工作机制等。这些为土地整治集成融资的开展提供了良好的基础。

但要使土地整治集成融资持续有效地发挥作用,还应专门构建相应的规则体系,应包括集成融资模式(项目融资模式)的适用范围、运用条件、招投标程序、特许经营协议、风险分担、权利义务、监督与管理、争议解决的方式和适用的法律法规等。

(2)明确特许经营协议的法律性质。

在特许经营协议的法律性质方面,主要存在行政合同与民事合同的争议。从土地整治项目来看,作为合同签订一方的政府,在项目中扮演的角色,既有行政的一面,如负责搬迁安置补偿,负责项目上报审批;又有市场的一面,如通过协议方式,将收益权交给社会投资者,通过指标交易平台出售指标等。可见,特许经营协议确实存在两面性。但不难看出,土地整治的特许经营协议是在市场层面签订的合作协议,是政府通过市场手段获取投资的方式,也是社会投资者通过市场方式获取收益(如种养殖收益、指标市场交易收益)的一种授权。因此,土地整治特许经营协议具有明确的市场特征,应属于民事合同。根据市场经济运行规则,应明确土地整治集成融资特许经营协议为民事合同,而非行政合同。

(3)明确社会投资者可以获取指标交易收益。

土地整治项目的收益主要来自规模经营后农业园区种养殖收益、补充耕地指标交易收益、增减挂钩节余指标交易收益。目前,补充耕地指标交易、增减挂钩节余指标交易基本都是政府与政府之间的交易,不管其收益多少,都属于政府收入。这些指标交易能否纳入土地整治项目集成融资的经营资源,其收益(社会投资者的主要投资回报来源)能否交予社会投资者,是吸引社会投资的关键因素。如果这些收益不能授权给社会投资者,就无法引入集成融资模式。因此,应明确社会投资者可以获取指标交易收益,从而为土地整治获得稳定投资回报、吸引社会投资创造条件。

7.2.2　金融创新机制

对于土地整治项目而言,金融机构可以创新抵押品种类,可以允许将补充耕地指标、增减挂钩节余指标作为融资保证,这样就便于项目公司获取贷款,也为项目实施提供了资金保障。

集成融资模式广泛地运用了金融、财务、法律等方面的知识,而这些知识通常比较专业,又比较复杂,需要专门的机构和人才提供支持。作为一项复杂的系统工程,土地整治集成融资也需要融资顾问、法律顾问、财务机构共同协作,所以还需要建立一个较为完善的投融资咨询服务体系,以提高工作质量,降低融资成本。当前,投融资咨询服务行业较为混乱,很多机构对其员工缺少专门的培训,工作人员也缺乏专业精神。因此,应加强对投融资咨询市场的监督、管理、指导,以此为土地整治集成融资的运作提供有力的技术支撑。

7.2.3　农民权益保障机制

土地整治不同于一般建设项目,它的实施直接涉及农民的切身利益。而引入集成融资后,以项目公司为代表的社会投资者以赢利为目的,这就可能会引发侵犯农民权益的行为。因此,需要建立农民权益保障机制,一方面保障农民的权益不受侵犯,另一方面形成沟通协调机制,促进项目公司和农民共同推进项目建设。一般来说,农民对于土地整治都是积极拥护和支持的,但当项目涉及他们的自身利益时,他们往往会更加慎重,特别在意安置补偿的公平性。

考虑到在项目实施中,项目公司和农民的地位并不平等,可以建立一个具有前瞻性眼光和管控能力强的领导机构,来统一谋划、统一部署、统一实施合作。这个领导机构具有协调利益主体目标、协商筹划合作事项、明确责任分配、约束企业和农民的行为、监督合作项目实施、保障合作实现多重效益的权利和义务。该机构应由能代表各方意愿并具有决策权的成员组成。

7.2.4　收益保障机制

由集成融资的风险评价和风险分担可以得知,土地整治集成融资受到了政策因素的影响,土地整治项目的收益,特别是补充耕地指标交易收益和增减挂钩节余指标交易收益受到政策因素较大的影响。这种影响主要体现在:一是由于交易价格受市场波动影响,收益不如预期;二是由于无法搬迁、达不到耕地验收标准等原因,未能获得预期的指标数量(面积);三是由于控制违章建筑不力等原因,成本大幅上涨,未能获得预期的收益;四是由于土地整治政策变化的影响,项目未能批准实施,但先期已经投入了资金。

对于第一种情况,风险应由项目公司(社会投资者)承担,因为这主要是市场风险。但第二种情况、第三种情况和第四种情况,均是由于政府的原因导致项目不能回收预期收益,其风险应由政府承担。

因此,为保障土地整治集成融资顺利实施,消除社会投资者对政策风险的疑虑,政府可以与社会投资者签订"最低收益保障合同条款",例如,约定由未能及时搬迁安置、控制违章建筑不力、项目未能批复等原因造成的损失由政府承担,应由政府按照预期的最低收益,给予社会投资者补偿,这样就能够保障社会投资者的基本收益,以吸引社会投资者投资。

7.3　本 章 小 结

本章提出了集成融资模式绩效评价指标体系,运用 DHGF 算法构建了项目集成融资绩效综合评价模型,使用中心点型三角白化权函数,结果会更加有效。为了保障集成融资项目顺利实施,在现阶段需要建立项目集成融资保障机制,包括合作约束机制、风险分担机制、金融创新机制、法律保障机制、农民权益保障机制和收益保障机制等,本章重点论述了法律保障、金融创新、农民权益保障和收益保障 4 个方面的机制。

第8章 集成融资架构程序与利益分配实证研究
——以南京市J区万顷良田建设工程项目为例

8.1 项目概况

　　万顷良田建设工程(Fertile Farmland of Million Hectare Project,FFMHP)是江苏省实施的一种典型土地整治项目,是全域土地整治项目的一种形式。南京市J区万顷良田建设工程总规模3428.81公顷,包括 TS 片、HX 片、GL 片 3个片区,涉及拆迁面积 384.52 公顷,拆迁农户 5887 户,人口 16978 人。该项目投入资金总额为 475678.01 万元,包括土地整治复垦费 11946.90 万元,搬迁补偿与安置区建设费 438657.43 万元,基本生活保障费 2542.37 万元,贷款利息22531.31 万元。其中 TS 片需投入资金总额为 292818.96 万元,HX 片需投入资金总额为 100062.67 万元,GL 片需投入资金总额为 82796.38 万元[①]。该项目于 2012 年经江苏省国土资源厅组织专家论证,并批准实施。

8.2 FFMHP 项目集成融资架构设计

8.2.1 组织结构

　　该项目实施时,其农用地整治子项目的资金为区政府投资资金,该子项目不采用融资模式。城乡建设用地增减挂钩子项目(connecting an increase in urban construction with a decrease in rural residential land project,CURP)采用融资模式。

　　该项目实施前,区政府、开发园区、城乡统筹试点街道三方注资成立南京XD 投资有限公司(简称"XD 公司"),XD 公司隶属于区政府,作为项目运作和投融资主体,依托土地收储中心和相关职能部门配合,统一管理全区万顷良田建设工程项目和资金运作,统筹推进万顷良田建设工程等土地综合整治项目建设。

　　除 XD 公司运作平台外,TS 街道成立了 TS 建设投资发展有限公司,HX 街

　　① 数据来源:《南京市 J 区万顷良田建设工程规划方案》。

道成立了农业开发有限公司、城镇建设开发有限公司、旅游开发有限公司、经济
技术开发有限公司,GL 街道成立了农业发展有限公司等作为融资平台。此模
式中,出资方开发园区作为建设用地指标使用者和交易方,类似于社会投资者,
虽先行出资,但不参与项目实施前期的具体工作。在运营阶段则加入其中,负责
指标交易。因此,此模式为 TOT-PPP 项目融资模式。

　　根据万顷良田建设工程实施的主体和结构形式,其实施组织结构设计如
图 8-1 所示。

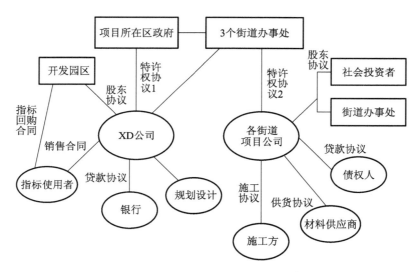

图 8-1　万顷良田建设工程集成融资组织结构

　　该项目资金主要来源于使用指标的开发园区以及 3 个街道组建的项目公司
提供的资金、银行贷款和政府的财政拨款,其参与人员多(表 8-1)。

表 8-1　　　　　**万顷良田建设工程项目的利益相关者**

序号	项目利益相关者名称	类别
1	J 区政府及街道	项目发起人
2	XD 公司及街道各平台	投资者
3	3 个街道	项目管理公司
4	国内商业贷款银行	银行
5	项目设计、建设单位	项目实施者
6	开发园区、3 个街道	用地指标使用者
7	项目区群众	公众

8.2.2 时空混合结构

根据融资环境分析,城乡建设用地增减挂钩子项目集成模式的时空混合结构在验收阶段之前都采用 TOT-PPP 模式。运营阶段,对于区级平台 XD 公司,仍采用 TOT-PPP 模式;对于各街道平台公司,转换为 BOT-PPP 模式(图 8-2)。

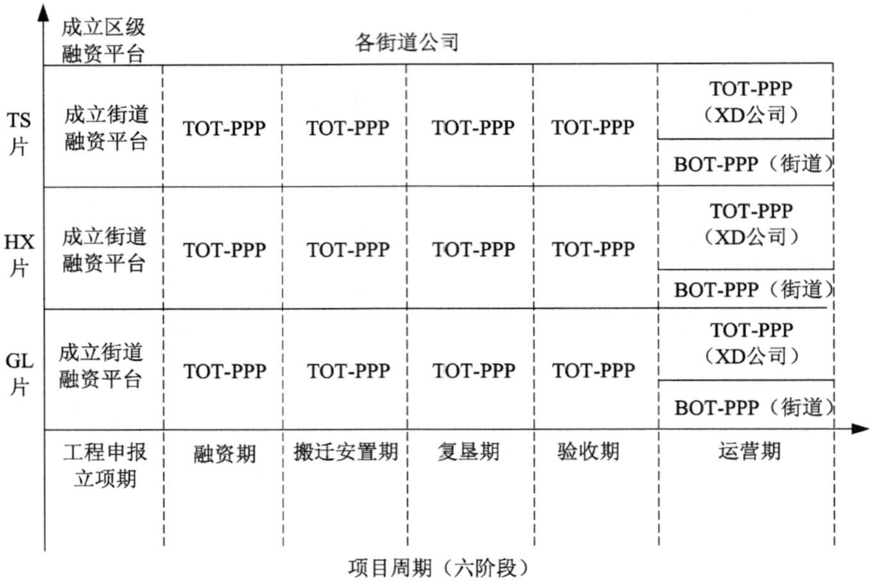

	成立区级 融资平台			各街道公司		
TS 片	成立街道 融资平台	TOT-PPP	TOT-PPP	TOT-PPP	TOT-PPP	TOT-PPP (XD公司)
						BOT-PPP(街道)
HX 片	成立街道 融资平台	TOT-PPP	TOT-PPP	TOT-PPP	TOT-PPP	TOT-PPP (XD公司)
						BOT-PPP(街道)
GL 片	成立街道 融资平台	TOT-PPP	TOT-PPP	TOT-PPP	TOT-PPP	TOT-PPP (XD公司)
						BOT-PPP(街道)
	工程申报 立项期	融资期	搬迁安置期	复垦期	验收期	运营期

项目周期(六阶段)

图 8-2　万顷良田建设工程集成融资模式时空混合结构

8.2.3 投资结构

根据城乡建设用地增减挂钩子项目的资金来源形式,其投资结构设计如图 8-3 所示。

8.2.4 资产结构

城乡建设用地增减挂钩子项目以未来资产为基础,以增减挂钩节余指标为抵押,由 XD 公司和街道平台公司向银行贷款。其资产基础是在贷款期内能够产生用于还款的现金收益,主要是节余指标交易收入。从动态上看,不同阶段的资产结构有所区别:施工阶段各街道主要负责项目的施工,承担更大的风险;经营阶段主要由 XD 公司负责运作,XD 公司承担运营风险。

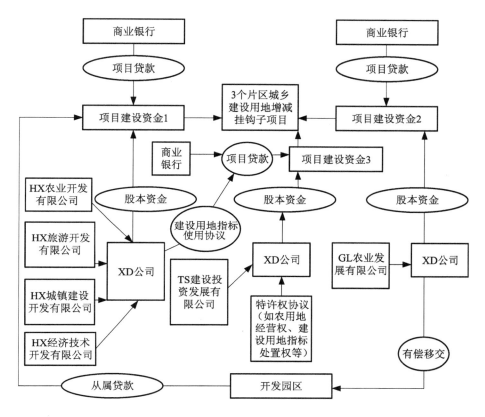

图 8-3　万顷良田建设工程投资结构

8.3　FFMHP 项目集成融资运作程序

按照前文所述,集成融资模式运作程序可以分为项目分析阶段、模式初选阶段、模式转换阶段、验收移交阶段。在 J 区万顷良田建设工程项目集成融资中,按照项目实施的独特性要求,结合工程实际,对该运作程序做了简化。

8.3.1　项目分析阶段

(1)项目工程分解。

按照项目工程分解的步骤,应用 WBS 方法,将 J 区万顷良田建设工程项目分解为若干子项目,每个子项目均可以自行融资,并减少投资规模风险,以吸引更多的社会投资者,提高项目融资的可行性。

　　J 区万顷良田建设工程可以采取统一设计、多家单位同时施工的运营模式。通过招标,由南京大陆规划公司作为设计单位进行方案设计;施工-运营部分则又根据项目所在街道分为 TS 片、HX 片、GL 片 3 个片区,由 3 个街道按自己的实际情况采用适合的融资模式,各个街道还可以根据自身的情况,继续分解项目,将其分解为农用地整治项目和村庄整治项目,针对各自项目使用不同的投融资方式(图 8-4)。这样在一定程度上保障了设计质量,同时也减小了开发运营的融资规模,提升了融资效果。

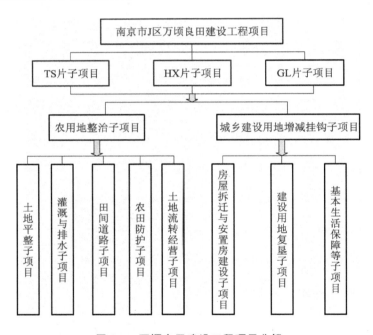

图 8-4　万顷良田建设工程项目分解

　　总而言之,如果从整体来看,项目具有不可经营性,或者可经营性的部分,融资不够顺利,就可以根据项目的实际情况,从不同的角度对项目进行分类、分解,对可经营的子项目,进行招投标融资,达到融资的目的,以保障项目顺利实施。

　　(2)项目盈利性分类。

　　根据项目分类的方法,引入"可经营系数 K"作为土地整治属性的分类指标。按照公式(5-3)($K = H/CI$)分片测算"可经营系数 K"(表 8-2)。$K = 0$,$K = 1$,$K < 1$,$K > 1$ 分别代表非经营性项目、纯经营性项目、准经营性项目、高回报的纯经营性项目。

表 8-2　　　　　　　　　　万顷良田建设工程各片分项目可经营系数

项目分解	类型	三片小计	TS 片	HX 片	GL 片
农用地整治子项目	建设成本(V_1)/元	9271.43	4604.32	2392.86	2274.25
	项目的收益(H_1)/元	1521.12	725.64	465.00	330.48
	市场上可以接受的投资收益率/%	20	20	20	20
	"可经营系数 K_1"	0.82	0.79	0.97	0.73
	类别	准经营性项目	准经营性项目	准经营性项目	准经营性项目
城乡建设用地增减挂钩子项目	建设成本(V_2)/元	466406.58	288214.64	97669.81	80522.13
	项目的收益(H_2)/元	457959.74	295654.3	87843.58	74461.86
	市场上可以接受的投资收益率%	20	20	20	20
	"可经营系数 K_2"	4.91	5.13	4.50	4.62
	类别	高回报的纯经营性项目	高回报的纯经营性项目	高回报的纯经营性项目	高回报的纯经营性项目

　　数据来源:《南京市 J 区万顷良田建设工程规划方案》。其中,农用地整治子项目的收益(H_1)按照耕地面积,改造后每亩增加 100 元纯收益,收益期为 5 年,考虑资金时间价值,按照央行公布的一年期贷款利率 5.15%(2012 年数据)计算。城乡建设用地增减挂钩子项目收益(H_2)=新增建设用地有偿使用费+耕地开垦费+可用于该项目的土地纯收益。

8.3.2　模式初选阶段

(1)分析融资环境。

该项目实施的宏观环境主要包括政治环境、经济环境、法律环境、金融环境等。中观环境包括产业/行业环境、市场环境、项目区社会环境等。微观环境包括项目施工情况、项目管理情况等(表 8-3)。

表 8-3　　　　　　　　万顷良田建设工程集成融资环境分析

准则层	指标层	该项目融资环境状况分析
宏观环境,包括政治环境、经济环境、法律环境、金融环境等	政策的连续性	万顷良田项目会取消,但城乡建设用地挂钩项目会持续
	地方政府对待投资者的态度	地方政府欢迎社会投资者,但对政府下属企业更信任
	拆迁补偿法律法规的完善程度	集体土地拆迁补偿办法明确,但各街道补偿有差异
	金融融资工具的多样化程度	以银行贷款为主

续表 8-3

准则层	指标层	该项目融资环境状况分析
中观环境,包括产业/行业环境、市场环境、项目区社会环境等	当地建设用地需求程度	开发园区用地需求较为旺盛,各街道也有需求
	当地节余指标价格制定合理性	定价随市场波动,但都高于成本,各街道有一定差异
	项目区农民对项目的支持程度	对项目积极支持,愿意流转土地
	项目区农民对拆迁安置的支持程度	由于可以换取到有产权、位于城镇的安置房,农户支持拆迁
微观环境,包括项目施工情况、项目管理情况等	施工进度情况	入驻区级招标平台,通过招投标选定资质高、信誉好的企业负责实施
	项目成本/费用管理	
	项目进度管理	

从表 8-3 可以看出,该项目得到了农户的支持,当地对增减挂钩节余指标的需求也较为旺盛,因此,项目实施的环境较好。鉴于土地整治项目融资刚刚起步,政府倾向于自身下属企业,这主要是因为无论对于企业还是对于项目,政府都有一定的控制力。

(2)确定合作单位。

在工程项目规划方案论证阶段,区政府、开发园区、城乡统筹试点街道三方注资成立南京 XD 投资有限公司作为项目合作单位。除 XD 公司运作平台外,3个街道均成立了平台公司,负责实施具体项目。

(3)初步选定模式。

结合该项目实施实际,初步选定采用 TOT-PPP 模式进行融资。此模式中,出资方开发园区作为增减挂钩节余指标使用者和交易方,类似于社会投资者,先行出资,但不参与项目实施前期的具体工作。在运营阶段则加入其中,负责指标交易。

(4)设计模式架构。

该项目采用 TOT-PPP 模式,其组织结构、时空混合结构、投资结构、资产结构,详见 5.1 节。

8.3.3　模式转换阶段

(1)模式匹配动态转换。

该项目在申报立项阶段和施工阶段均采用 TOT-PPP 模式。进入运营阶段后,各街道将大部分增减挂钩节余指标交给 XD 公司使用,XD 公司支付相应费用。区级平台 XD 公司仍采用 TOT-PPP 模式;各街道平台公司仍保留少量增减挂钩节余指标用于本街道的基础设施建设或房地产开发等,因此,各街道平台公司转换为 BOT-PPP 模式(图 8-2)。

(2)特许权谈判。

该项目集成融资主要涉及增减挂钩节余指标交易,特许权谈判也主要围绕指标的分配、使用展开。经协商,项目公司 XD 公司获得大部分指标的使用权,由作为 XD 公司出资方之一的开发园区回购。3 个街道与社会投资者共同设立的项目公司获得小部分指标,用于 3 个街道自身的建设,即 3 个街道出资回购指标。

(3)项目融资建设。

项目公司 XD 公司和 3 个街道设立的项目公司分别以增减挂钩节余指标为标的物向银行申请贷款。

8.3.4　验收移交阶段

获得项目资金后,该工程项目按照土地整治项目正常运作方式进行农户搬迁安置、工程施工建设。其中,农村建设用地整治按照"江苏省城乡建设用地增减挂钩试点工作方案"的要求,在农户搬迁后,进行建设用地复垦,纳入年度挂钩复垦项目备选库,分年度逐步实施。安置房建设按照当地保障房建设的管理方式开展。项目实施完成,相关部门将组织对复垦地块的检查验收,验收确认后,即可形成增减挂钩节余指标。根据特许权谈判的协议,4 家项目公司分别组织指标交易,指标使用单位开发园区和 3 个街道回购指标。

8.4　FFMHP 项目集成融资利益分配

在项目实施过程中,建立了项目合作约束机制(图 8-5),保障区政府、开发园区以及 3 个街道办事处与项目公司能有效沟通,共同合作完成项目。

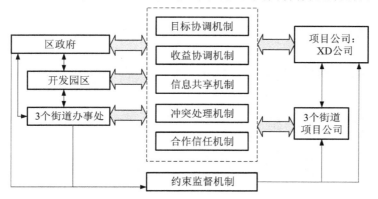

图 8-5　万顷良田建设工程集成融资合作约束机制

该项目 XD 公司总股本 36.64 亿元,约占工程建设总投资的 78.56%。其中,区政府出资 7 亿元,占 15.01%;开发园区出资 29.64 亿元,占 63.55%;其余 3 个街道项目公司出资见表 8-4。

表 8-4　　　　　　　　　万顷良田建设工程项目出资情况

类目	合计	XD 公司			HX 街道项目公司	TS 街道项目公司	GL 街道项目公司
		小计	区政府	开发园区			
出资金额/亿元	46.64	36.64	7	29.64	2	5	3
出资金额比例/%	100	78.56	15.01	63.55	4.29	10.72	6.43
机会成本/亿元	2.40	1.89	0.36	1.53	0.10	0.26	0.15

数据来源:《南京市 J 区万顷良田建设工程规划方案》。

对于投资者而言,投入的资金都是有成本的,成本就是所出资本金的机会成本,这些资本金大都来自银行贷款,也有的是自有资金。

本书按央行公布的现行长期贷款利率 5.15%(2012 年数据)为所有投资者计算机会成本,则成本累计为 46.64×5.15%＝2.40(亿元)。根据项目融资计算,项目经济效益约 4.22 亿元,利润约为 1.82 亿元。

根据扩展的讨价还价模型,将成本为 1.53 亿元和 0.1 亿元的投资方(即开发园区和 HX 街道项目公司)划为第一小组,成本为 0.36 亿元和 0.15 亿元的投资方(即区政府和 GL 街道项目公司)划为第二小组,TS 街道项目公司单独一组。在 3 个小组间进行利润平均分配:总利润为 1.82 亿元,则第一小组和第二小组各得利润 0.73 亿元,TS 街道项目公司得 0.36 亿元。

在讨价还价之前先确定两条规则:

第一条:如果在一定时间内小组内部还没有达成协议,则该小组获得的利润为 0,即小组成员只能收回成本,这样做的目的是避免讨价还价过程无限次地进行。

第二条:由于讨价还价过程是有限次的,因此最后提出分配方案的一方占有优势,所以可规定小组中成本大的一方为最后提出分配方案者。

下面以第一小组为例,设成本大的一方为甲方,成本小的一方为乙方,消耗损失系数假设为 0.08,则分配过程如下:

第一小组经济效益为成本＋利润,即 1.53＋0.1＋0.73＝2.36(亿元),那么小组成员提出的分配方案为 $(x, 2.36-x)$。设讨价还价过程进行 n 个回合,如果第 n 个回合开发园区提出的方案没能被 HX 街道项目公司接受,那么双方最后的效益只为 $(2.26, 0.1)$。根据讨价还价的原则,开发园区提出分配方案的依据为在保证 HX 街道项目公司获得最低效益的同时,使自己效益最大化。因此,开发园区提出的分配方案为(2.26,0.1),即开发园区获得的效益为 2.26 亿元,HX 街道项目公司仅收回成本 0.1 亿元,在这种情况下,不管 HX 街道项目公司接不接受,其最终效益均为 0.1 亿元。

第 $n-1$ 回合:此回合为 HX 街道项目公司提出分配方案,由于 HX 街道项目公司知道下一个回合开发园区的分配方案一定为(2.26,0.1),因此,HX 街道项目公司提出的方案必定要保证开发园区获得的效益不少于 $2.26 \div 1.08 =$ 2.09(亿元),即 HX 街道项目公司提出的分配方案为(2.09,0.27)。

第 $n-2$ 回合:同理,开发园区也知道下一个回合 HX 街道项目公司提出的分配方案,那么其提出的方案要保证 HX 街道项目公司获得的效益不少于 $0.27 \div$ 1.08＝0.25(亿元),即分配方案为(2.11,0.25)。按照这种顺序,将每回合的分配方案列出,如表 8-5 所示。

表 8-5　　　　　　　　　　　　　　项目收益分配过程

开发园区提出的分配方案		HX 街道项目公司提出的分配方案	
第 n 回	(2.26,0.10)	第 $n-1$ 回	(2.09,0.27)
第 $n-2$ 回	(2.11,0.25)	…	…

如果采用成本比例分配法,开发园区应获得效益 $4.22 \times 63.55\% = 2.68$(亿元),HX 街道项目公司应获得效益 $4.22 \times 4.29\% = 0.18$(亿元)。

如果采用 Shapley 值法,开发园区应获得效益 $1.53 + 1.82 \div 5 = 1.89$ 亿元,HX 街道项目公司应获得效益 $0.1 + 1.82 \div 5 = 0.46$(亿元)。

因此,讨价还价合理的分配结果应该使开发园区效益大于 1.89 亿元而小于 2.68 亿元,HX 街道项目公司的效益应大于 0.18 亿元而小于 0.46 亿元。

表中的结果显示,合理的分配方案为(2.09,0.27)。

同理,计算出第二小组的分配方案为(0.72,0.52);第三小组为 0.62。这样,按成本大小顺序排列后各成员的最终效益为开发园区 2.09 亿元、区政府 0.72 亿元、TS 街道项目公司 0.62 亿元、GL 街道项目公司 0.52 亿元、HX 街道项目公司 0.27 亿元,利润分别为(0.90,0.31,0.27,0.22,0.12)亿元。

可以看出该分配方案缩小了各利益相关者间的利润差额,既遵循了多劳多得的原则,又考虑了各利益相关者对项目投资的重要性。该分配方案既能按照投资多寡体现"成本、收益、风险相匹配原则",又能兼顾各街道投资的利益,体现"多方共赢原则",与当地实际执行的分配方案相近,各方满意率较高。

8.5　实践启示与策略

借鉴国内外经验和教训,政府对集成融资模式项目的支持,对推行多元化土地整治融资实为迫切。集成融资模式最大的优点在于通过模式组合,更加适应土地整治项目,更加适应环境的变化,以此降低项目风险。为推动土地整治融资的开展,可以从以下几方面进行完善。

8.5.1　政府转变理念,积极引导与支持土地整治融资

首先,政府要转变直接投资的固有理念,在经济上支持土地整治融资。作为外部性很大的土地整治项目,其社会价值在现阶段还难以评估,不能完全转化为经济效益,这就需要政府的经济支持。政府在经济方面能提供的支持:一是保底措施,如新增耕地、新增建设用地指标最低收入保证;二是通过采取提供一定面积的建设用地开发使用权等方式,提高融资成功率;三是提供从属性贷款担保;四是直接作为项目公司的股东之一,提供股本支持等。当然,对不同的项目,政府的支持程度也有区别。一方面,不能让社会投资者因市场原因运营不下去;另一方面,也不能让社会投资者轻易获得暴利。虽然,市场原因导致的风险应该由社会投资者承担,但项目运营不下去,会造成政府、企业、社会多方面损失,政府应当在调整方案中给予一定支持。当然,若项目实施产生了明显的暴利,势必会引起社会公众的不满(如搬迁安置较为偏僻,而指标出售价格远高于成本,会引起村民不满),甚至有可能成为社会的不稳定因素。因此,应当注重以"合理利润"为合作的基础。

其次,谈判时在特许权协议中做出不受政策调整影响的承诺,维持政策稳定性。土地整治项目实施周期相对较长,而土地整治的政策往往会有变动。因此,在实践操作中,应充分发挥政府部门的作用,可以通过签订合同,承诺特许权协议不受政策调整影响。

再次,签订"最低收益保障合同条款",例如,约定由未能及时搬迁安置、控制违章建筑不力、项目未能批复等原因造成的损失由政府承担,政府应按照预期的最低收益,给予社会投资者补偿,这样就能够保障社会投资者的基本收益,以激发社会投资者投资的热情。

最后,政府要在金融政策、税收政策等方面创造良好的投资环境。如金融机构可以创新抵押品种类,可以允许将补充耕地指标、增减挂钩节余指标作为融资保证,这样就便于项目公司获取贷款,也为项目实施提供了资金保障。对于集成融资项目,可以给予税收减免等支持。

8.5.2　制定融资规则，明确融资特许协议为民事合同

通过构建土地整治集成融资理论体系，并进行实证研究，可以看出，集成融资是受政治、法律、行政、市场、社会、公众等多种因素制约和影响的公共产品提供机制，制度条件的作用更加明显①。也就是说，完备的规则体系是落实土地整治融资规范的重要依据。

在当前大力推进土地整治的形势下，辅以与土地整治融资相关的配套法律法规是必要的。可以设置专门的法律法规，如《土地整治融资管理办法》，也可以在相关的法律法规中增加相应的条款。这些规则主要明确融资模式的适用范围、设立条件、招投标程序、特许权协议、风险分担、权利与义务、监督机制、争议的解决方式以及适用的法律法规等。特别应该明确土地整治融资适用的范围，明确哪些可以采用融资模式，哪些需要政府投资，哪些可以共同投资；应明确特许权协议为民事合同，而非行政合同；明确社会投资者可以获取指标交易收益；还要制订风险分担方案。只有明确了这些，形成明确细致的土地整治融资行为准则，才能使社会投资者放心投资土地整治。

土地整治融资的适用范围可以根据项目类型及其盈利性进行分析，准经营性项目、高回报的纯经营性项目都可采用融资模式，引入社会资本。对于融资特许协议的法律性质，应该明确其为民事合同。在土地整治融资中，特许经营协议是在市场层面签订的合作协议，是政府通过市场手段获取投资的方式，也是社会投资者通过市场方式获取收益（如种养殖收益、指标市场交易收益、土地开发权）的一种授权，具有明确的市场特征，而不是行政特征，应属于民事合同。同时，要充分发挥政府部门的作用，政府部门是集成融资的主导者和需求者，应积极、主动参与其中，并在土地整治项目申报、规划设计、施工质量控制、竣工验收等方面发挥核心作用。

8.5.3　重视合作约束，设计合理有效的利益分配机制

从土地整治融资模式设计的实质来看，利益取向不一致、信息沟通不畅、合同需要修订、资源需求多元化等因素影响各利益相关者之间的合作，建立合作约束机制，加强各方合作，有利于资源的合理整合与配置。

从合作协调看，土地整治各主要利益相关者内部利益分配出现偏差或外部

---

① MONTEDURO F. Public-private versus public ownership and economic performance：evidence from Italian local utilities[J]. Journal of management and governance，2014，18(1)：29-49.

环境发生变化,各利益相关者之间就会产生冲突,如果处理不好,则会产生矛盾,进而阻碍合作,因此需要建立合作协调机制:建立一个目标协调机制,对目标进行协调优化,使各参与方为实现项目的共同目标而努力;建立共同的信息平台,做到资源共享,从而使各参与方进入同一个合作圈;建立矛盾处理机制,避免矛盾升级;建立多方相互信任机制,有效地规避冲突,使各参与方合作更加紧密;通过行为规范、道德准则等约束各参与方的行为和关系。利益分配机制是协调约束机制最重要的内容。

利益是合作的基础,也是矛盾产生的核心。为了使土地整治项目融资各利益相关者保质保量完成各自的任务,需要设计一套合理的利益分配机制,使各利益相关者努力实现自己的目标,并最终实现项目的总体目标。项目是否能够实施成功,在很大程度上取决于这一利益分配机制。各利益相关者在分配利益时,应遵循多方共赢原则,成本、收益、风险相匹配原则,项目公司优先的原则。

从市场来看,还可以通过竞争手段建立市场竞争机制、行业约束机制和信誉约束机制,从而对土地整治融资运作进行调节和约束;从法律层面,可以建立法律约束机制;从监督层面,可以建立地方政府监督、资金监管、审计监督等机制。

8.5.4　建立交易平台,指标按市场经济规则跨区交易

补充耕地指标和城乡建设用地增减挂钩节余指标交易收益是开展土地整治的主要盈利点。按照市场经济规则,建立健全指标交易平台,开展补充耕地指标和增减挂钩节余指标交易,可以盘活存量土地资源。

"补充耕地指标"可以作为一种特殊商品进入交易市场,但应该是经过严格把关验收入库的新增耕地,是先补后占的现货买卖。为实现耕地占补平衡市场化,应建立"补充耕地指标交易平台",搭建一个有序、健康、政府监管的交易平台。为此,国家应建立耕地占补平衡市场化运作平台并统一管理,建立相关制度,规范运作行为,严格管理,防止弄虚作假。近年来,各地也进行了一些有益探索,如《广东省土地开发整理补充耕地项目管理办法》规定,补充耕地指标转让后,受让方不得将指标再次转让;提供虚假资料骗取成交的,其成交结果无效,构成犯罪的,依法追究刑事责任。成都市成立耕地占补平衡指标交易监督管理工作小组,采用信息公布、社会监督、跟踪督察、专项检查、专项审计等方式,监督指标交易行为。安徽省规定,指标转让人必须提供拟转让指标项目的名称、位置、面积、项目编号、项目图幅号、图斑号、有效的验收确认批复、项目备案号等信息资料,以防范虚假交易行为。对于补充耕地指标交易平台,可以考虑在省一级范围内搭建。这主要是考虑到补充耕地,保障耕地占补平衡,其责任在省一级。在耕地后备资源较少,但经济相对发达的地区,可以通过指标交易,异地补充耕地,

带动土地整治的开展,提高耕地质量。

对于增减挂钩节余指标,应积极搭建城乡建设用地增减挂钩节余指标交易平台,由国家或省级政府结合实际出台"城乡建设用地增减挂钩节余指标交易管理办法",形成市场交易规则,按照市场规则,交易双方通过招标、拍卖、挂牌等多种方式实施节余指标的有偿交易,建立城乡建设用地增减挂钩节余指标凭证管理制度、节余指标最低保护价和适时更新制度以及节余指标交易信息披露制度,同时积极探索省内跨区域平台交易联动机制,拓宽指标交易范围和途径,发挥多平台、多层次联动的叠加效应。目前,浙江嘉兴等地已经开始实践并取得了较好的效果。可以考虑在地级市一级,甚至省一级,建立指标交易市场。目前,建设用地指标交易还被限制在县一级区域范围内。而事实上,在地级市一级,用地需求更大,用地矛盾更激烈,地级市的经济实力明显高于县一级,因此,在地级市一级,甚至在省一级建立增减挂钩节余指标交易平台,允许其在地级市内或者省内异地置换,将农村建设用地整治纳入"流量计划",将有力填补中心村、中心镇和园区的建设用地缺口,通过指标有偿转让,也可填补土地整治的资金缺口,从而实现双赢。

8.6　本 章 小 结

本章以南京市 J 区万顷良田建设工程项目为例开展了实证研究,通过对项目盈利性进行分类可知,其农用地整治收益较低,由政府直接投资;其城乡建设用地增减挂钩子项目适用集成融资模式。从组织结构看,区政府、开发园区、城乡统筹试点街道三方注资成立南京 XD 投资有限公司作为项目运作和投融资主体,各街道成立了相应的项目公司参与项目。此模式中,出资方开发园区作为建设用地指标使用者和交易方,类似于社会投资者,虽先行出资,但不参与项目实施前期具体工作。在运营阶段则加入其中,负责指标交易。因此,从时空混合结构看,在验收阶段之前采用 TOT-PPP 模式。运营阶段,区级平台 XD 公司仍采用 TOT-PPP 模式;各街道平台公司转换为 BOT-PPP 模式。利用扩展的讨价还价模型对该项目进行了分析,各成员最终效益为开发园区 2.09 亿元、区政府 0.72 亿元、TS 街道项目公司 0.62 亿元、GL 街道项目公司 0.52 亿元、HX 街道项目公司 0.27 亿元,利润分别为(0.90,0.31,0.27,0.22,0.12)亿元,该分配方案缩小了各利益相关者间的利润差额,既遵循了多劳多得的原则,又考虑了各利益相关者对项目投资的重要性。

第9章　集成融资模式风险分担与绩效评价实证研究
——以南京市 P 区 Q 街道城乡建设用地增减挂钩项目为例

9.1　项目概况

南京市 P 区 Q 街道 2013—2015 年度城乡增减挂钩项目采用滚动式集成融资模式。Q 街道素有"江北小秦淮"之誉，近年来加快工业园区建设，在其辖区内设 P 区所属的经济开发区和 Q 街道所属的工业园两个工业园区。

挂钩项目实施时，首先由 P 区所属的经济开发区下属企业（属于社会投资者）先行出资，Q 街道办事处负责拆旧区拆迁、复垦和安置房建设，开发区下属企业负责增减挂钩节余指标的出让、使用，双方按照合作伙伴关系约定合作事项，共同开展 2013—2015 年度城乡增减挂钩项目。

Q 街道 2013—2015 年度挂钩项目采用滚动式集成融资模式。Q 街道 2014 年度挂钩项目包括 28 个拆旧区复垦子项目（面积共计 158.9157 公顷）和 2 个安置区建设，其中 2 个工矿拆旧区项目（面积 11.7578 公顷）未能立项实施。项目实际实施面积 147.1579 公顷，搬迁 836 户，拆迁面积 90433 平方米[①]。

Q 街道 2015 年度挂钩项目包括 13 个拆旧区复垦子项目（面积共计 61.74 公顷）和 2 个安置区建设，搬迁 416 户，拆迁面积 4.5 万平方米。

本次实证将对 Q 街道 2015 年度城乡增减挂钩项目（简称"挂钩项目"）开展风险研究，对目前已经实施完成的 Q 街道 2014 年度挂钩项目融资效果进行评估及优化。

9.2　挂钩项目集成融资风险分担

9.2.1　风险识别

根据系统分析原则、全面动态原则、谨慎性原则，开展 Q 街道 2015 年度挂钩项目集成融资风险识别。

---

① 数据来源：《P 区 Q 街道 2014 年度城乡建设用地增减挂钩项目资料汇编》。

　　结合城乡增减挂钩项目的实际,本次 P 区 Q 街道 2015 年度挂钩项目集成
融资风险主要是与农村建设用地整治密切相关的风险,其风险等级全息模型如
图 9-1 所示。

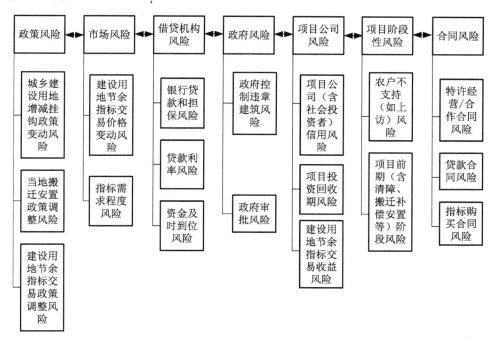

图 9-1　挂钩项目集成融资风险等级全息模型

9.2.2　风险评价

　　根据集成融资风险评价指标体系,对指标进行筛选,由于该项目不涉及农用
地整治,故将部分风险指标舍弃,从而构建 Q 街道 2015 年度挂钩项目集成融资
风险评价指标体系(表 9-1)。

　　在评价项目集成融资风险时,由于未来不确定性的存在,难以对风险进行精
确量化。为防止主观判断误差的产生,提高指标评价的准确性,本书采用模糊综
合评价法中的隶属度赋值方法来评估、度量每一种风险。将风险分为"低""较
低""中等""较高""高"5 个等级,根据模糊集合理论,风险属于哪一等级是不确
定的,且是模糊的,可用隶属度来表示。

　　例如:城乡建设用地增减挂钩政策变动风险对 5 个风险级别的隶属度为
(0.70,0.22,0.09,0.00,0.00),即风险属于"低"等级的隶属度为 0.70,属于"较
低"等级的隶属度为 0.22,属于"中等"等级的隶属度为 0.09,属于"较高"等级的
隶属度为 0,属于"高"等级的隶属度为 0。

表 9-1 　　　　　　　　　　　**挂钩项目集成融资风险评价指标体系**

目标层 A	准则层 C	指标层（因素集 U）
	政策风险 C_1	城乡建设用地增减挂钩政策变动风险（U_{11}） 当地搬迁安置政策调整风险（U_{12}） 增减挂钩节余指标交易政策调整风险（U_{13}）
	市场风险 C_2	指标交易价格变动风险（U_{21}） 指标需求程度风险（U_{22}）
	借贷机构风险 C_3	银行贷款和担保风险（U_{31}） 贷款利率风险（U_{32}） 资金及时到位风险（U_{33}）
Q 街道挂钩 项目集成融 资风险评价	政府风险 C_4	政府控制违章建筑风险（U_{41}） 政府审批风险（U_{42}）
	项目公司风险 C_5	信用风险（U_{51}） 指标交易收益风险（U_{52}）
	项目阶段性风险 C_6	农户不支持（如上访）风险（U_{61}） 清障迁坟等风险（U_{62}） 搬迁补偿安置风险（U_{63}）
	合同风险 C_7	特许经营/合作合同风险（U_{71}） 指标购买合同风险（U_{72}）

注：表中指标均为定性指标，本次采用问卷调查的形式，由项目管理者、参与者对项目风险的各个指标进行打分。将每个风险等级的得票比例作为每个风险指标的隶属度。

然后，采用层次分析法对各指标进行赋权，计算结果如表 9-2～表 9-4 所示。

表 9-2 　　　　　　　　　　　**风险评价层次分析法判断矩阵**

$A\text{-}C$	C_1	C_2	C_3	C_4	C_5	C_6	C_7	$C_1\text{-}U$	U_{11}	U_{12}	U_{13}
C_1	1	1	2	1	2	1	4	U_{11}	1	1/3	1
C_2	1	1	2	1	2	2	3	U_{12}	3	1	3
C_3	1/2	1/2	1	1/2	3	1/2	3	U_{13}	1	1/3	1
C_4	1	1	2	1	2	1/2	2				
C_5	1/2	1/2	1/3	1/2	1	1/2	2				
C_6	1	1/2	2	2	2	1	2				
C_7	1/4	1/3	1/3	1/2	1/2	1/2	1				

续表 9-2

C_2-U	U_{21}	U_{22}	C_3-U	U_{31}	U_{32}	U_{33}	C_4-U	U_{41}	U_{42}
U_{21}	1	1/2	U_{31}	1	1/2	1/3	U_{41}	1	2
U_{22}	2	1	U_{32}	2	1	1/3	U_{42}	1/2	1
			U_{33}	3	3	1			

C_5-U	U_{51}	U_{52}	C_6-U	U_{61}	U_{62}	U_{63}	C_7-U	U_{71}	U_{72}
U_{51}	1	1/5	U_{61}	1	1/2	1/2	U_{71}	1	1/3
U_{52}	5	1	U_{62}	2	1	1	U_{72}	3	1
			U_{63}	2	1	1			

表 9-3　　风险评价层次单排序

	A-C	C_1-U	C_2-U	C_3-U	C_4-U	C_5-U	C_6-U	C_7-U
$\lambda_{\max}$	7.3359	3.0000	2.0000	3.0536	2	2	3	2
	0.4687	0.3015	0.4472	0.2370	0.8944	0.1961	0.3333	0.3162
	0.5101	0.9045	0.8944	0.3762	0.4472	0.9806	0.6667	0.9487
	0.3103	0.3015		0.8957			0.6667	
w_i	0.3986							
	0.2062							
	0.4488							
	0.1448							
C.I.	0.06	0	0	0.03	0	0	0	0
R.I.	1.32	0	0	1	0	0	0	0
C.R.	0.04	0	0	0.05	0	0	0	0
一致性检验	完全一致性	完全一致性	完全一致性	完全一致性	完全一致性	完全一致性	完全一致性	完全一致性

表 9-4 风险评价层次总排序

| 指标 | C_1 | C_2 | C_3 | C_4 | C_5 | C_6 | C_7 | 权重 |
	0.1884	0.2051	0.1247	0.1602	0.0829	0.1804	0.0582	
U_{11}	0.2000							0.0377
U_{12}	0.6000							0.1131
U_{13}	0.2000							0.0377
U_{21}		0.3333						0.0684
U_{22}		0.6667						0.1367
U_{31}			0.1571					0.0196
U_{32}			0.2493					0.0311
U_{33}			0.5936					0.0740
U_{41}				0.6667				0.1068
U_{42}				0.3333				0.0534
U_{51}					0.1667			0.0138
U_{52}					0.8333			0.0691
U_{61}						0.2000		0.0361
U_{62}						0.4000		0.0722
U_{63}						0.4000		0.0722
U_{71}							0.2500	0.0146
U_{72}							0.7500	0.0437

基于以上原理确定评价集：

$V = \{v_1(低风险), v_2(较低风险), v_3(中等风险), v_4(较高风险), v_5(高风险)\}$。

本次由专家群体对项目风险的各个指标进行打分。调查方式为问卷调查，调查过程中一共发放问卷 25 份，收回 23 份，收回的问卷均为有效问卷（表 9-5）。

表 9-5 风险评价调查问卷回收情况

调查对象	回收有效问卷数量/份	调查对象职能
项目公司人员	8	负责项目实施，包括属于 Q 街道和经济开发区派驻项目公司的代表
融资的政府代表	3	为项目实施依托的 Q 街道统筹办、国土所人员，代表政府参与集成融资

续表 9-5

调查对象	回收有效问卷数量/份	调查对象职能
融资的社会投资者代表：经济开发区及下属企业人员	3	负责出资和节余指标运作
项目的上级管理人员：南京市及 P 区国土部门人员	7	均直接参与该项目申报审批管理
贷款银行	2	由开发区下属企业通过指标抵押贷款，贷款银行为中国工商银行

经过统计专家对各风险指标等级投票情况的分析，将每个风险等级的得票比例作为该项目融资风险各个指标的隶属度（表 9-6）。

表 9-6　　　　　　　**各级风险指标判断矩阵**

风险指标	指标	v_1	v_2	v_3	v_4	v_5
政策风险 C_1	U_{11}	0.70	0.22	0.09	0.00	0.00
	U_{12}	0.00	0.22	0.43	0.17	0.17
	U_{13}	0.04	0.48	0.35	0.13	0.00
市场风险 C_2	U_{21}	0.04	0.26	0.17	0.35	0.17
	U_{22}	0.09	0.43	0.35	0.13	0.00
借贷机构风险 C_3	U_{31}	0.22	0.61	0.13	0.04	0.00
	U_{32}	0.35	0.43	0.13	0.09	0.00
	U_{33}	0.00	0.17	0.65	0.13	0.04
政府风险 C_4	U_{41}	0.04	0.22	0.35	0.35	0.04
	U_{42}	0.57	0.13	0.30	0.00	0.00
项目公司风险 C_5	U_{51}	0.09	0.13	0.43	0.35	0.00
	U_{52}	0.00	0.13	0.39	0.35	0.13
项目阶段性风险 C_6	U_{61}	0.00	0.17	0.17	0.43	0.22
	U_{62}	0.00	0.17	0.13	0.48	0.22
	U_{63}	0.00	0.00	0.13	0.57	0.30
合同风险 C_7	U_{71}	0.00	0.30	0.39	0.30	0.00
	U_{72}	0.04	0.30	0.52	0.13	0.00

根据层次分析法所确定的各风险指标的权重,采用公式(6-4)~公式(6-9)可以计算出各风险一级指标的综合评价分别为:

政策风险 C_1:

$$\boldsymbol{R}_1 = (0.2000, 0.6000, 0.2000) \begin{bmatrix} 0.70 & 0.22 & 0.09 & 0.00 & 0.00 \\ 0.00 & 0.22 & 0.43 & 0.17 & 0.17 \\ 0.04 & 0.48 & 0.35 & 0.13 & 0.00 \end{bmatrix}$$

$$= (0.1480, 0.2720, 0.3460, 0.1280, 0.1020)$$

市场风险 C_2:

$$\boldsymbol{R}_2 = (0.3333, 0.6667) \begin{bmatrix} 0.04 & 0.26 & 0.17 & 0.35 & 0.17 \\ 0.09 & 0.43 & 0.35 & 0.13 & 0.00 \end{bmatrix}$$

$$= (0.0733, 0.3733, 0.2900, 0.2033, 0.0567)$$

借贷机构风险 C_3:

$$\boldsymbol{R}_3 = (0.1571, 0.2493, 0.5396) \begin{bmatrix} 0.22 & 0.61 & 0.13 & 0.04 & 0.00 \\ 0.35 & 0.43 & 0.13 & 0.09 & 0.00 \\ 0.00 & 0.17 & 0.65 & 0.13 & 0.04 \end{bmatrix}$$

$$= (0.1218, 0.2948, 0.4036, 0.0989, 0.0216)$$

政府风险 C_4:

$$\boldsymbol{R}_4 = (0.6667, 0.3333) \begin{bmatrix} 0.04 & 0.22 & 0.35 & 0.35 & 0.04 \\ 0.57 & 0.13 & 0.30 & 0.00 & 0.00 \end{bmatrix}$$

$$= (0.2166, 0.1900, 0.3333, 0.2333, 0.0267)$$

项目公司风险 C_5:

$$\boldsymbol{R}_5 = (0.1667, 0.8333) \begin{bmatrix} 0.09 & 0.13 & 0.43 & 0.35 & 0.00 \\ 0.00 & 0.13 & 0.39 & 0.35 & 0.13 \end{bmatrix}$$

$$= (0.0150, 0.1300, 0.3967, 0.3500, 0.1083)$$

项目阶段性风险 C_6:

$$\boldsymbol{R}_6 = (0.2000, 0.4000, 0.4000) \begin{bmatrix} 0.00 & 0.17 & 0.17 & 0.43 & 0.22 \\ 0.00 & 0.17 & 0.13 & 0.48 & 0.22 \\ 0.00 & 0.00 & 0.13 & 0.57 & 0.30 \end{bmatrix}$$

$$= (0.0000, 0.1020, 0.1380, 0.5060, 0.2520)$$

合同风险 C_7:

$$\boldsymbol{R}_7 = (0.2500, 0.7500) \begin{bmatrix} 0.00 & 0.30 & 0.39 & 0.30 & 0.00 \\ 0.04 & 0.30 & 0.52 & 0.13 & 0.00 \end{bmatrix}$$

$$= (0.0300, 0.3000, 0.4875, 0.1725, 0.0000)$$

将政策风险、市场风险、借贷机构风险、政府风险、项目公司风险、项目阶段性风险和合同风险的一般评价结果组成二级模糊评价矩阵 $\boldsymbol{R}$，再利用各风险因素的权重，可得：

$$\boldsymbol{R} = (0.1884, 0.2051, 0.1247, 0.1602, 0.0829, 0.1804, 0.0582)$$

$$\times \begin{bmatrix} 0.1480 & 0.2720 & 0.3460 & 0.1280 & 0.1020 \\ 0.0733 & 0.3733 & 0.2900 & 0.2033 & 0.0567 \\ 0.1218 & 0.2948 & 0.4036 & 0.0989 & 0.0216 \\ 0.2166 & 0.1900 & 0.3333 & 0.2333 & 0.0267 \\ 0.0150 & 0.1300 & 0.3967 & 0.3500 & 0.1083 \\ 0.0000 & 0.1020 & 0.1380 & 0.5060 & 0.2520 \\ 0.0300 & 0.3000 & 0.4875 & 0.1725 & 0.0000 \end{bmatrix}$$

$$= (0.0958, 0.2416, 0.3145, 0.2459, 0.0923)$$

根据最大隶属度原则，一级模糊综合评价结果的最大隶属度为 0.3145，即该项目的风险等级为"中等"，即 Q 街道挂钩项目集成融资风险等级为"中等"。从具体风险类型看，该项目的项目阶段性风险最高，其最大隶属度为 0.5060，属于"较高"风险；其次是合同风险，其最大隶属度为 0.4875，属于"中等"风险；借贷机构风险和项目公司风险最大隶属度分别为 0.4036 和 0.3967，也属于"中等"风险。

这一结果与该项目在近两年实施中遇到的实际情况一致，其结果较为可信。针对集成融资风险的多层次和不确定性特征，综合运用层次分析法和模糊综合评价法，可以对集成融资风险进行评价分析，其结果较为客观。

9.2.3　风险分担

经上述评价，该项目风险总体属于中等风险，主要风险集中在项目阶段性风险、合同风险、项目公司风险和借贷机构风险等，主要体现在农户不支持（如上访）风险、清障迁坟风险、搬迁补偿安置风险、特许经营/合作合同风险、指标购买合同风险、信用风险、指标交易收益风险、资金及时到位风险等。

根据风险分担模型和分担框架，承担最大风险者应是对项目风险最为偏好的一方，这样能以较低的费用承担项目风险，可以做到控制风险或者转移风险。也就是说，以上风险中，属于市场层面的风险，应该由社会投资者负责承担；而属于行政管理类的风险，应由政府尽量承担。因此，指标购买合同风险、信用风险、指标交易收益风险、资金及时到位风险等应主要由双方共同组建的项目公司承担，而农户不支持（如上访）风险、清障迁坟风险、搬迁补偿安置风险、特许经营/合作合同风险等应主要由政府承担。

9.3 挂钩项目集成融资绩效评价

9.3.1 评价指标体系的确定

结合城乡增减挂钩项目的实际,对农用地整治部分的指标进行舍弃,另外,安置房按时交付率、拆迁补偿资金节约率、安置区资金节约率、挂钩指标收益增加率、投资利息节约率、政府(业主)满意度、农户对项目的支持率、农户对青苗补偿的满意率、农户对拆迁补偿的满意率等指标较难获取数据,本次评价也未考虑。挂钩项目集成融资绩效评价指标体系如表 9-7 所示。

表 9-7 **挂钩项目集成融资绩效评价指标体系**

目标层(O)	准则层(C)	指标层(P)
挂钩项目集成融资绩效评价(O)	提高效率(C_1)	吸引社会资金比例(P_{11}) 吸引银行贷款比例(P_{12}) 拆迁进度按时率(P_{13}) 拆旧区复垦按时率(P_{14}) 拆旧区验收及时率(P_{15}) 资金按时到位率(P_{16})
	降低造价(C_2,含提升收益)	工程施工费节约率(P_{21}) 相关规费节约率(P_{22})
	确保质量(C_3,含保障农户权益)	立项面积与计划面积比例(P_{31}) 验收合格率(P_{32}) 拆迁人对安置房的满意度(P_{33})

9.3.2 指标收集与优化处理

根据 Q 街道 2014 年度挂钩项目相关资料提供的现实数据以及实地调研考察搜集到的一手数据,对指标进行优化处理(表 9-8、表 9-9)。

表 9-8　　　　　　　　　　　**绩效评价指标数据来源**

准则层（C）	指标层（P）	实际值	指标说明及数据来源
提高效率（C_1）	吸引社会资金比例（P_{11}）	93%	拆旧区复垦资金由 Q 街道出资,实际投入 1325.16 万元;其余由开发区企业出资,实际投入 18111.83 万元
	吸引银行贷款比例（P_{12}）	68.89%	由下属企业进行融资,根据该项目融资可行性报告,融资比例为 68.89%,标准值为银行贷款最高比例 70%
	拆迁进度按时率（P_{13}）	97%	该指标＝1－未按计划及时拆迁户数/总拆迁户数。根据项目进度资料,项目共拆迁 836 户,其中 26 户比计划慢半个月
	拆旧区复垦按时率（P_{14}）	100%	比计划提前完成
	拆旧区验收及时率（P_{15}）	100%	按时完成市级验收
	资金按时到位率（P_{16}）	88%	该指标＝1－延迟支付资金的天数/总拆迁天数。根据项目资料,项目拆迁共 3 个月,按 90 天计算;第一笔资金比约定时间提前拨付,第二笔资金拨付比约定时间晚 11 天;第三笔尾款按时拨付
降低造价（C_2,含提升收益）	工程施工费节约率（P_{21}）	7.91%	该指标＝1－实际施工费/计划施工费。根据项目施工决算资料,本项目实际施工费为 1169.91 万元;根据拆旧区复垦方案,计划施工费为 1270.34 万元。该指标标准值根据经验可下浮 10% 计算
	相关规费节约率（P_{22}）	15.16%	相关规费主要指项目的前期工作费、工程监理费、竣工验收费、业主管理费、不可预见费,该指标＝1－实际相关规费/计划相关规费。根据项目施工决算资料,本项目实际相关规费为 193.51 万元;根据拆旧区复垦方案,计划相关规费为 228.09 万元。该指标标准值根据经验可下浮 10% 计算
确保质量（C_3,含保障农户权益）	立项面积与计划面积比例（P_{31}）	92.60%	项目实际立项实施面积为 147.1579 公顷,计划面积为 158.9157 公顷
	验收合格率（P_{32}）	100%	根据南京市国土资源局批复,全部通过验收
	拆迁人对安置房的满意度（P_{33}）	95.81%	该指标＝1－"上访户数占总拆迁户数"比例。根据统筹办提供的资料,某村在项目实施中随意更改了街道确定的补偿政策,给部分村干部及亲属多分了一套安置房,引起分配不均,造成 35 户拆迁户上访

数据来源:吸引银行贷款比例引自《P 区新农村建设"山南片三期工程"项目可行性研究报告书》,其余指标引自《P 区 Q 街道 2014 年度城乡建设用地增减挂钩项目资料汇编》(汇编资料包括项目立项、规划方案、施工、验收批复等全部资料)。

表 9-9　　　　　　　　　绩效评价指标数据无量纲化

准则层(C)	指标层(P)	实际值	标准值	无量纲化
	吸引社会资金比例(P_{11})	93%	100%	0.93
	吸引银行贷款比例(P_{12})	68.89%	70%	0.98
提高效率(C_1)	拆迁进度按时率(P_{13})	97%	100%	0.97
	拆旧区复垦按时率(P_{14})	100%	100%	1.00
	拆旧区验收及时率(P_{15})	100%	100%	1.00
	资金按时到位率(P_{16})	88%	100%	0.88
降低造价(C_2, 含提升收益)	工程施工费节约率(P_{21})	7.91%	10%	0.79
	相关规费节约率(P_{22})	15.16%	10%	1.00
确保质量(C_3,含 保障农户权益)	立项面积与计划面积比例(P_{31})	92.60%	100%	0.93
	验收合格率(P_{32})	100%	100%	1.00
	拆迁人对安置房的满意度(P_{33})	95.81%	100%	0.96

9.3.3　评价等级及评估灰类

将待评价的集成融资项目的评价效果分为"优""良""中""差"4 个等级,根据中心点型三角白化权函数计算规则,将灰类向不同方向拖延一类,成为"更优类"和"更差类",共形成"更优类""优""良""中""差""更差类"6 个等级。假设每个等级所对应的分值依次为 1.0,0.9,0.8,0.7,0.6,0.5,评价等级集合 $S = \{S_0, S_1, S_2, S_3, S_4, S_5\}^T = \{1.0, 0.9, 0.8, 0.7, 0.6, 0.5\}^T$。根据指标评价结果确定相对应的灰数和白化权函数。

9.3.4　模糊权矩阵构建计算

根据相对应的白化权函数,分别计算 m_{kj} 和 m_{ij},构造集成融资模式的单因素模糊评价矩阵 M,其中 M 为一个(11×6)的矩阵,M 按照公式(7-8)～公式(7-11)计算,结果如下:

$$M = \begin{bmatrix} 0.32 & 0.68 & 0.00 & 0.00 & 0.00 & 0.00 \\ 0.84 & 0.16 & 0.00 & 0.00 & 0.00 & 0.00 \\ 0.69 & 0.31 & 0.00 & 0.00 & 0.00 & 0.00 \\ 1.00 & 0.00 & 0.00 & 0.00 & 0.00 & 0.00 \\ 1.00 & 0.00 & 0.00 & 0.00 & 0.00 & 0.00 \\ 0.00 & 0.78 & 0.22 & 0.00 & 0.00 & 0.00 \\ 0.00 & 0.00 & 0.91 & 0.09 & 0.00 & 0.00 \\ 1.00 & 0.00 & 0.00 & 0.00 & 0.00 & 0.00 \\ 0.26 & 0.74 & 0.00 & 0.00 & 0.00 & 0.00 \\ 1.00 & 0.00 & 0.00 & 0.00 & 0.00 & 0.00 \\ 0.58 & 0.42 & 0.00 & 0.00 & 0.00 & 0.00 \end{bmatrix}$$

9.3.5　AHP 法确定指标权重

运用层次分析法确定指标权重（表 9-10～表 9-12）。

表 9-10　　　　　　　　　　　绩效评价指标权重判断矩阵

O-C	C_1	C_2	C_3	C_1-P	P_{11}	P_{12}	P_{13}	P_{14}	P_{15}	P_{16}
C_1	1	2	3	P_{11}	1	2	3	3	3	1
C_2	1/2	1	1/3	P_{12}	1/2	1	2	2	2	1
C_3	1/3	3	1	P_{13}	1/3	1/2	1	1	1	1/3
				P_{14}	1/3	1/2	1	1	1	1/3
				P_{15}	1/3	1/2	1	1	1	1/3
				P_{16}	1	1	3	3	3	1
C_2-P	P_{21}	P_{22}	C_3-P	P_{31}	P_{32}	P_{33}				
P_{21}	1	1	P_{31}	1	1	1/2				
P_{22}	1	1	P_{32}	1	1	1/2				
			P_{33}	2	2	1				

表 9-11　　　　　　　　　　　绩效评价指标权重确定层次单排序

	O-C	C_1-P	C_2-P	C_3-P
λ_{max}	3.2567	6.0343	2.0000	3.0000
	0.8468	0.6300	0.7071	0.4082
	0.2565	0.4110	0.7071	0.4082
	0.4660	0.1987		0.8165
w_i		0.1987		
		0.1987		
		0.5619		
$C.I.$	0.13	0.01	0.00	0.00
$R.I.$	1.24	0.00	0.00	0.00
$C.R.$	0.10	0.00	0.00	0.00
一致性检验	完全一致性	完全一致性	完全一致性	完全一致性

表 9-12　　　　　　　　　　绩效评价指标权重确定层次总排序

指标	C_1	C_2	C_3	P 层次指标权重 (β)
	0.5396	0.1634	0.2969	
吸引社会资金比例 (P_{11})	0.2865			0.1546
吸引银行贷款比例 (P_{12})	0.1869			0.1009
拆迁进度按时率 (P_{13})	0.0904			0.0488
拆旧区复垦按时率 (P_{14})	0.0904			0.0488
拆旧区验收及时率 (P_{15})	0.0904			0.0488
资金按时到位率 (P_{16})	0.2555			0.1379
工程施工费节约率 (P_{21})		0.5000		0.0817
相关规费节约率 (P_{22})		0.5000		0.0817
立项面积与计划面积比例 (P_{31})			0.2500	0.0742
验收合格率 (P_{32})			0.2500	0.0742
拆迁人对安置房的满意度 (P_{33})			0.5000	0.1485

得到权重组合 $\beta = \{\beta_{11}, \beta_{21}, \cdots, \beta_{33}\} = \{0.1546, 0.1009, 0.0488, 0.0488,$ $0.0488, 0.1379, 0.0817, 0.0817, 0.0742, 0.0742, 0.1485\}$。

9.3.6　评价结果计算与分析

最终评价结果：

$$W = (\beta M) \times S$$
$$= \{0.1546, 0.1009, 0.0488, 0.0488, 0.0488, 0.1379, 0.0817, 0.0817,$$
$$0.0742, 0.0742, 0.1485\} \times M \times \{1.0, 0.9, 0.8, 0.7, 0.6, 0.5\}^{\mathrm{T}}$$
$$= 0.9408$$

表 9-13　　　　　　　　　　绩效评价指标灰类系数

准则层 (C)	灰度	更优类	优	良	中	差	更差类
提高效率 (C_1)	吸引社会资金比例 (P_{11})	0.3182	0.6818	0.0000	0.0000	0.0000	0.0000
	吸引银行贷款比例 (P_{12})	0.8414	0.1586	0.0000	0.0000	0.0000	0.0000
	拆迁进度按时率 (P_{13})	0.6890	0.3110	0.0000	0.0000	0.0000	0.0000
	拆旧区复垦按时率 (P_{14})	1.0000	0.0000	0.0000	0.0000	0.0000	0.0000
	拆旧区验收及时率 (P_{15})	1.0000	0.0000	0.0000	0.0000	0.0000	0.0000
	资金按时到位率 (P_{16})	0.0000	0.7778	0.2222	0.0000	0.0000	0.0000

续表9-13

准则层 （C）	灰度	更优类	优	良	中	差	更差类
降低造价（C_2，含提升收益）	工程施工费节约率（P_{21}）	0.0000	0.0000	0.9062	0.0938	0.0000	0.0000
	相关规费节约率（P_{22}）	1.0000	0.0000	0.0000	0.0000	0.0000	0.0000
确保质量（C_3，含保障农户权益）	立项面积与计划面积比例（P_{31}）	0.2601	0.7399	0.0000	0.0000	0.0000	0.0000
	验收合格率（P_{32}）	1.0000	0.0000	0.0000	0.0000	0.0000	0.0000
	拆迁人对安置房的满意度（P_{33}）	0.5813	0.4187	0.0000	0.0000	0.0000	0.0000

从综合结果来看，评价等级分值0.9408＞0.9，表明该结果属于"优"等级，说明该项目实施集成融资模式具有较好融资效果。从单个指标看，除资金按时到位率（P_{16}）、工程施工费节约率（P_{21}）外，其余指标均属于"优"及以上灰类，说明该项目集成融资实施效果非常好，这与当地项目开展的实际十分吻合。对比这两年以来Q街道开展的城乡建设用地增减挂钩项目情况，其推进速度快，规模大（占P区的一半左右），百姓评价高，指标满足了当地需求，其实际效果较好。

从具体指标看，资金按时到位率（P_{16}）处于优良状态、工程施工费节约率（P_{21}）处于良的状态，还有提升空间，这主要是由于集成融资还处于摸索阶段，银行等金融机构的融资贷款可能会由于种种原因延迟。

当前土地整治集成融资还处于探索阶段，由于指标市场化交易、利益分配以及最低收益保障等政策措施不明确，一些投资者处于观望状态，一些银行还较为保守。而且在实际操作中，作为社会投资者的企业多为政府所属企业平台，往往带有一定的官方色彩。随着集成融资的进一步深入和其效益的进一步显化，特别是政府通过有效政策对其进行积极引导和支持，集成融资模式将调动各方的参与积极性，也会激励银行等金融机构不断创新融资方式。

可见，根据本书对风险分担原则和风险分担模型的分析，依据上述风险分担原则和集成融资的主要风险，结合土地整治的特点，构建合理的风险分担机制是项目实施的重要方面。总结起来，土地整治风险分担应遵循"谁承担的风险越大，谁的收益越高"的原则和"谁控制力强，谁承担"的原则，也就是说将风险分配给更有控制能力或控制风险成本较低的一方，承担的风险程度与风险回报相匹配，承担的风险依据承担能力要设定上限。

根据实证研究的结果，土地整治融资的不同类型风险分担方式为政府作为土地整治项目的直接责任人,应该承担带有行政性质的风险,以及那些项目公司无控制力的风险。如由土地整治政策或者管理规定的变化造成的风险,控制违章建筑不力导致补偿大幅增加的风险,由清障搬迁补偿安置导致进度落后或者引发群体性事件的风险,还包括国家利率变动以及国家投融资政策变动带来的风险等。市场上的经济风险应该由社会投资者承担,主要包括价格变动风险、指标交易市场需求风险等。如补充耕地指标交易价格走低等,影响了项目的经济收益,这种风险属于市场风险,应由社会投资者承担。而指标交易价格变动风险、指标需求程度风险、指标交易收益风险、指标购买合同风险等应主要由项目公司承担。

从不同阶段分析,可以根据实际状况转换融资模式,实现项目顺利运作。投融资阶段面临的最大风险就是由项目的不确定性造成融资不顺利,无法获取相应的建设资金。如果使用传统方法无法解决该问题,则可以转换为拟采用的融资模式。项目建设阶段市场变化多样,其指标与房地产市场密切相关。此时也需要对项目目前的环境与前阶段的环境进行匹配函数分析,并根据分析结果决定是否转换融资模式。项目运营阶段面临的最大困难是由房地产市场不景气导致指标无法交易,或交易价格大幅下跌。应按照匹配函数模型进行横向比较分析,决定是否转换项目融资模式。

9.4 本章小结

本章以 Q 街道挂钩项目为例开展了实证研究,根据系统分析原则、全面动态原则、谨慎性原则开展 Q 街道 2015 年度挂钩项目集成融资风险识别,建立风险等级全息模型,根据政策风险、市场风险、借贷机构风险、政府风险、项目公司风险、项目阶段性风险、合同风险 7 个方面的 17 个指标构建针对农村建设用地整治融资的风险评价指标体系。通过实证分析,发现该项目的风险等级为"中等",该项目的项目阶段性风险最高,其次是合同风险,再次是借贷机构风险。这一结果与该项目近两年在实施中遇到的实际情况一致,较为可信、客观。通过 DHGF 算法对 Q 街道 2014 年度挂钩项目集成融资开展了绩效评价,结果表明绩效达到"优"等级,说明该项目实施集成融资取得了较好效果。从单个指标看,除资金按时到位率(P_{16})、工程施工费节约率(P_{21})外,其余指标均属于"优"及以上灰类,说明该项目集成融资实施效果非常好,这与当地项目开展的实际情况十分吻合。

参 考 文 献

[1] DAVID A K, FERNANDO P N. The BOT option: conflicts and compromises[J]. Energy policy,1995,8(8): 669-675.

[2] NIU B Z,ZHANG J. Price,capacity and concession period decisions of Pareto-efficient BOT contracts with demand uncertainty[J]. Transportation research part E: logistics and transportation review,2013,53(7): 1-14.

[3] YU C Y,LAM K C. A decision support system for the determination of concession period length in transportation project under BOT contract[J]. Automation in construction,2013,31(5): 114-127.

[4] GORDON C. The challenges of transport PPP's in low-income developing countries: a case study of Bangladesh[J]. Transport policy,2012, 24(11): 296-301.

[5] MONROY C R,HERNÁNDEZ A S S. Main issues concerning the financing and sustainability of electrification projects in rural areas: international survey results[J]. Energy for sustainable development,2005,9 (6): 17-25.

[6] KANG C C,FENG C M,KUO C Y. A royalty negotiation model for BOT (build-operate-transfer) projects: the operational revenue-based model [J]. Mathematical and computer modelling,2011,54(11): 2338-2347.

[7] KANG C C,FENG C M. Risk measurement and risk identification for BOT projects: a multi-attribute utility approach [J]. Mathematical and computer modelling,2009,49(5): 1802-1815.

[8] LEE C W,ZHONG J. Financing and risk management of renewable energy projects with a hybrid bond[J]. Renewable energy, 2015, 75 (3): 779-787.

[9] WEI C H,CHUNG M C. Transportation BOT schemes for public and private sector financing scenario analysis: the experience in Taiwan[J]. IATSS research,2002,26(1): 60-70.

[10] CHEN C, DOLOI H. BOT application in China: driving and impeding factors[J]. International journal of project management,2008,26(5):

388-398.

[11] CAR-PUŠIĆ D. PPP model opportunities, limitations and risks in Croatian public project financing[J]. Procedia-social and behavioral sciences, 2014,19(3): 663-671.

[12] AURIOL E, PICARD P M. A theory of BOT concession contracts [J]. Journal of economic behavior & organization, 2013,89(5): 187-209.

[13] LÜDEKE-FREUND F, LOOCK M. Debt for brands: tracking down a bias in financing photovoltaic projects in Germany[J]. Journal of cleaner production, 2011,19(8): 1356-1364.

[14] SONG J B, SONG D R, ZHANG X Q, et al. Risk identification for PPP waste-to-energy incineration projects in China[J]. Energy policy, 2013,61 (10): 953-962.

[15] ZHOU J, CHEN X G, YANG H W. Control strategy on road toll pricing under a BOT scheme[J]. Systems engineering—theory & practice, 2008,28(2): 148-151.

[16] CHOU J S, TSERNG H P, LIN C, et al. Critical factors and risk allocation for PPP policy: comparison between HSR and general infrastructure projects[J]. Transport policy, 2012,22(7): 36-48.

[17] YEO K T, TIONG R L K. Positive management of differences for risk reduction in BOT projects [J]. International journal of project management, 2000,18(4): 257-265.

[18] ALMARRI K, BLACKWELL P. Improving risk sharing and investment appraisal for PPP procurement success in large green projects[J]. Procedia-social and behavioral sciences, 2014,119(19): 847-856.

[19] QIU L D, WANG S S. BOT projects: incentives and efficiency[J]. Journal of development economics, 2011,94(1): 127-138.

[20] ASKARI M, SHOKRIZADE H R. An integrated method for ranking of risk in BOT projects[J]. Procedia-social and behavioral sciences, 2014,109 (8): 1390-1394.

[21] KUMARASWAMY M M, ZHANG X Q. Governmental role in BOT-led infrastructure development [J]. International journal of project management, 2001,19(4): 195-205.

[22] WOLFS M, WOODROFFE S. Structuring and financing international

BOO/BOT desalination projects[J]. Desalination,2002,142(2): 101-106.

[23] HOFMANN M, KHATUN K. Facilitating the financing of bioenergy projects in sub-Saharan Africa[J]. Energy policy, 2013, 52 (1): 373-384.

[24] LIEBREICH M. Financing RE: risk management in financing renewable energy projects[J]. Refocus,2005,6(4): 18-20.

[25] KUMARASWAMY M M, ANVUUR A M. Selecting sustainable teams for PPP projects[J]. Building and environment,2008,43(6): 999-1009.

[26] KHANZADI M, NASIRZADEH F, ALIPOUR M. Integrating system dynamics and fuzzy logic modeling to determine concession period in BOT projects[J]. Automation in construction,2012,22(3): 368-376.

[27]ANGOUA P, LAI V S, SOUMARÉ I. Project risk choices under privately guaranteed debt financing[J]. The quarterly review of economics and finance,2008,48(1): 123-152.

[28] AKRAM Q F. PPP in the medium run: the case of Norway[J]. Journal of macroeconomics, 2006,28(4): 700-719.

[29] TIONG R L K, ALUM J. Financial commitments for BOT projects [J]. International journal of project management,1997,15(2): 73-78.

[30] OSEI-KYEI R, CHAN A P C. Review of studies on the critical success factors for Public-Private Partnership (PPP) projects from 1990 to 2013[J]. International journal of project management,2015,3(5):1335-1346.

[31] MACÁRIO R. Future challenges for transport infrastructure pricing in PPP arrangements[J]. Research in transportation economics,2010,30(1): 145-154.

[32] NG S T, WONG Y M W, WONG J M W. Factors influencing the success of PPP at feasibility stage—a tripartite comparison study in Hong Kong[J]. Habitat international,2012,36(4): 423-432.

[33] ZHANG S B, GAO Y, FENG Z, et al. PPP application in infrastructure development in China: institutional analysis and implications [J]. International journal of project management,2015,33(3): 497-509.

[34] VERWEIJ S. Achieving satisfaction when implementing PPP transportation infrastructure projects: a qualitative comparative analysis of the A15 highway DBFM project[J]. International journal of project management, 2015,33(1): 189-200.

[35] ISMAIL S,HARRIS F A. Challenges in implementing Public-Private Partnership (PPP) in malaysia[J]. Procedia-social and behavioral sciences, 2014,164(31): 5-10.

[36] SAMBRANI V N. PPP from Asia and African perspective towards infrastructure development: a case study of greenfield bangalore international airport, India [J]. Procedia-social and behavioral sciences, 2014, 157 (27): 285-295.

[37] ZOU W W,KUMARASWAMY M, CHUNG J,et al. Identifying the critical success factors for relationship management in PPP projects [J]. International journal of project management,2014,32(2): 265-274.

[38] JANG W-S, LEE D-E, CHOI J-H. Identifying the strengths, weaknesses, opportunities and threats to TOT and divestiture business models in China's water market[J]. International journal of project management, 2014,32(2): 298-314.

[39] JIN X-H,ZHANG G M. Modelling optimal risk allocation in PPP projects using artificial neural networks[J]. International journal of project management,2011,29(5): 591-603.

[40] XU Y L,SUN C S,SKIBNIEWSKI M J,et al. System Dynamics (SD)-based concession pricing model for PPP highway projects [J]. International journal of project management,2012,30(2): 240-251.

[41] XU Y L,YEUNG J F Y,CHAN A P C,et al. Developing a risk assessment model for PPP projects in China—a fuzzy synthetic evaluation approach[J]. Automation in construction,2010,19(7): 929-943.

[42] YANG Y,GUO M L,HU W X. Effect of diversification of operation cost on infrastructure BOT project investment decision and analysis of option game[J]. China population,resources and environment,2007,17(2): 32-35.

[43] WANG Y L,LIU J C. Evaluation of the excess revenue sharing ratio in PPP projects using principal-agent models[J]. International journal of project management,2015,33(6):1317-1324.

[44] KE Y J,WANG S Q,CHAN A P C,et al. Preferred risk allocation in China's public-private partnership (PPP) projects[J]. International journal of project management,2010,28(5): 482-492.

[45] ZHAO Z-Y, ZUO J,ZILLANTE G. Factors influencing the success of BOT power plant projects in China: a review [J]. Renewable and

sustainable energy reviews,2013,22(6):446-453.

[46] 敖慧,朱茜,朱玉洁.农村基础设施 PPP 项目的风险分担[J].统计与决策,2020,36(8):173-176.

[47] 敖慧,朱玉洁.农村基础设施 PPP 项目风险分担的博弈研究[J].华中农业大学学报(社会科学版),2021(2):111-119,180-181.

[48] 白芙蓉,曾天浩,邵慧.管廊 PPP 项目可持续性风险系统动力学仿真研究[J].财会月刊,2020(16):133-139.

[49] 白雪华,吴次芳,艾亮辉.土地整理项目融资 PPP 模式[J].中国土地,2003(1):20-23.

[50] 鲍春生.基于 PPP 融资模式的农村水利设施建设创新机制研究[J].中国水利,2012(15):42-43.

[51] 鲍海君,申立银,吴宇哲.基础设施 BOT(build-operate-transfer)项目特许权期决策的 Bargaining 博弈模型[J].浙江大学学报(理学版),2010,37(2):160-165.

[52] 鲍海君.基础设施 BOT 项目特许权期决策的动态博弈模型[J].管理工程学报,2009(4):139-141,147.

[53] 鲍海君.土地开发整理的 BOT 项目融资研究[D].杭州:浙江大学,2005.

[54] 曹培强.BOT 模式下特许经营权资产预计负债的会计处理[J].中国注册会计师,2020(6):84-86.

[55] 查文胜,董利民.论我国土地整理的政策性金融资金运行机制[J].湖北行政学院学报,2006(1):46-51.

[56] 车鲁平,冯珂,周尧尧,等.基于 DEMATEL-ANP 的交通设施 PPP 项目风险评价[J].土木工程与管理学报,2020,37(6):152-157.

[57] 陈贵松.森林公园利益相关者共同治理研究[D].北京:北京林业大学,2010.

[58] 陈红,黄晓玮,郭丹.政府与社会资本合作(PPP):寻租博弈及监管对策[J].财政研究,2014(10):20-24.

[59] 陈佳骊,徐保根.基于可转移土地发展权的农村土地整治项目融资机制分析——以浙江省嘉兴市秀洲区为例[J].农业经济问题,2010(10):53-59.

[60] 陈敬武,俎照月,张娅.公用事业 BOT 项目特许期决策模型研究[J].科技进步与对策,2018,35(24):117-122.

[61] 陈柳钦.PPP:新型公私合作融资模式[J].建筑经济,2005(3):76-80.

[62] 陈为公,李艳娟,刘艳,等.基于改进 TOPSIS 法的 PPP 项目风险初步

分担研究[J].会计之友,2019(1):15-20.

　　[63] 成文东.BOT 项目审计实施优化分析[J].财会通讯,2018(4):97-101.

　　[64] 程敏,刘亚群.基于特许期调整的城市污水处理 PPP 项目再谈判博弈研究[J].软科学,2021,35(5):117-122,137.

　　[65] 戴颖喆,彭林君.城市生活污水处理厂 TOT 模式实践研究——以江西 78 家污水处理厂为例[J].山东社会科学,2015(S1):243-245.

　　[66] 翟蓓.境外 BOT 项目风险分类研究[J].国际经济合作,2017(8):73-76.

　　[67] 丁悦,蔡建明,刘彦随,等.青海省都兰牧区乡村转型发展模式探析——基于公共私营合作制(PPP)视角[J].经济地理,2014(4):139-144,152.

　　[68] 丁云霞,张林.两权分离背景下公共体育场馆委托经营管理模式的应用[J].北京体育大学学报,2017,40(2):24-29.

　　[69] 董利民,毛泓,叶惠,等.德国乡村土地整理融资机制及其启示[J].新疆农垦经济,2003(5):73-74,69.

　　[70] 董利民,毛泓,张明,等.土地整理融资的市场化取向设计[J].商业时代,2003(23):62-63.

　　[71] 董利民.土地整理融资机制研究[D].武汉:华中农业大学,2004.

　　[72] 董志文,张凤霞.景区开发应用 BOT 模式的风险控制研究[J].中国海洋大学学报(社会科学版),2012(6):44-48.

　　[73] 杜亚灵,闫鹏.PPP 项目中初始信任形成机理的实证研究[J].土木工程学报,2014(4):115-124.

　　[74] 段世霞,朱琼,侯阳.PPP 项目特许价格影响因素的结构方程建模分析[J].科技管理研究,2013(10):197-201.

　　[75] 段小萍.我国合同能源管理(EPC)项目融资风险管理研究[D].长沙:中南大学,2013.

　　[76] 冯宁宁.TOT 模式在我国铁路项目融资中的应用[J].铁道经济研究,2006(5):42-46.

　　[77] 干志超,陈锦苑.基于实物期权理论对 BOT 项目经济可行性的研究[J].佳木斯大学学报(自然科学版),2012(5):714-717.

　　[78] 高殿松,蒲含勇.BOT 在矿山环境治理中的应用[J].中国矿业,2011(S1):137-139,150.

　　[79] 高华,马晨楠,张璇.PPP 项目全生命周期财务风险测度与评价[J].财会通讯,2021(18):133-138.

　　[80] 高华丽,闫建.BOT 模式下公租房租金定价研究[J].价格理论与实

践,2015(1):58-60.

[81] 高丽峰,戴大双,沈涛. 基于委托-代理理论的 BOT 项目特许期研究[J]. 科学学与科学技术管理,2008(8):140-144,155.

[82] 高连和. 新农村建设中民间资本的引入机制研究——基于 PPP 融资模式的思考[J]. 东南学术,2008(2):33-39.

[83] 高向瑞. 农民参与下的农村土地整治工程项目管理研究[D]. 合肥:合肥工业大学,2013.

[84] 高颖,张水波,冯卓. 不完全合约下 PPP 项目的运营期延长决策机制[J]. 管理科学学报,2014(2):48-57,94.

[85] 龚利,郭菊娥,张国兴. 基础设施 BOT 项目特许权期的谈判博弈模型[J]. 统计与决策,2008(4):153-155.

[86] 谷立娜,张春玲,吴涛. 基于云模型的重大水利 PPP 项目融资风险评价[J]. 人民黄河,2021,43(11):116-121.

[87] 顾守柏,刘伟,夏菁. PPP 模式在上海土地整治中的运用[J]. 中国土地,2015(9):43-46.

[88] 顾守柏,刘伟. 当土地整治遇上 PPP,看上海怎么做[N]. 中国国土资源报,2015-10-09.

[89] 郭大为. 国外高速铁路建设与运营组织模式[J]. 铁道运输与经济,2004,26(8):79-81.

[90] 郭健,尹洁林,林则夫. 期权视角下高速公路 BOT 项目风险分担策略研究[J]. 科技管理研究,2013(13):223-228.

[91] 郭健. 公路基础设施 PPP 项目交通量风险分担策略研究[J]. 管理评论,2013(7):11-19,37.

[92] 郭琦,闫海兰,张扬. 基于 RBF 网络的水电 BOT 项目投资风险评估[J]. 人民长江,2017,48(8):64-67.

[93] 郭熙,黄俊. 土地整治项目资金筹集途径探讨——以江西省为例[J]. 中国国土资源经济,2012,25(4):49-51,56.

[94] 韩延华. 土地整理多元化融资模式探讨[J]. 现代农业科技,2012(18):340-341.

[95] 郝伟亚,王盈盈,丁慧平. 城市轨道交通 PPP 模式核心要点研究——北京地铁 M 号线案例分析[J]. 土木工程学报,2012(10):175-180.

[96] 何丹,吴九兴. PPP 模式农地整理项目的运作方式比较[J]. 贵州农业科学,2012(10):169-173.

[97] 何寿奎,傅鸿源. 城市基础设施 PPP 建设模式挑战与对策[J]. 生产

力研究,2007(8):65-67.

[98] 何涛,赵国杰. 基础设施 BOT 项目中政府担保估值与特许期决策研究[J]. 城市发展研究,2010(10):92-95.

[99] 侯光明.管理博弈论导论[M].北京:北京理工大学出版社,2010.

[100] 侯峻. PPP 模式在城市公共产品投资中的应用研究[J]. 现代城市研究,2008(6):72-80.

[101] 胡静林,周法兴. PPP 模式在新农村基础设施建设中的应用[J]. 中国财政,2006(9):47-48.

[102] 胡丽,张卫国,叶晓甦. 基于 PPP 模式的城市基础设施融资风险识别研究[J]. 甘肃社会科学,2011(1):234-237.

[103] 黄贤金,赵小风. 论我国土地整理融资体系创新[J]. 资源与产业,2008(5):99-102.

[104] 季闯,程立,袁竞峰,等. 模糊实物期权方法在 PPP 项目价值评估中的应用[J]. 工业技术经济,2013(2):49-55.

[105] 贾康,孙洁. 社会主义新农村基础设施建设中应积极探索新管理模式——PPP[J]. 财政研究,2006(7):40-45.

[106] 蒋胜强.长沙市农村土地综合整治融资模式研究[D].长沙:湖南师范大学,2011.

[107] 蒋晓芸,王齐.企业核心能力测度的多层次模糊综合评判数学模型[J].经济数学,2003(1):55-62.

[108] 柯永建,王守清,陈炳泉. 私营资本参与基础设施 PPP 项目的政府激励措施[J]. 清华大学学报(自然科学版),2009,49(9):1480-1483.

[109] 赖冠军. BOOT 模式在县域工程项目融资中的应用[J]. 广东土木与建筑,2004(10):45-46.

[110] 赖一飞,雷慧,沈丽平.三方共赢的特色小镇 PPP 风险分担机制及稳定性分析[J].资源开发与市场,2018,34(10):1444-1449.

[111] 李静华,李启明. PPP 模式在我国城市轨道交通中的经济风险因素分析——以北京地铁四号线为例[J]. 建筑经济,2007(10):23-26.

[112] 李力. 基于风险矩阵的 BOT-TOT-PPP 项目融资风险评估[J]. 昆明理工大学学报(社会科学版),2012(1):74-79.

[113] 李力. 经营性公共基础设施 BOT-TOT-PPP 项目集成风险研究[J]. 项目管理技术,2011(5):23-27.

[114] 李林,刘志华,章昆昌. 参与方地位非对称条件下 PPP 项目风险分配的博弈模型[J]. 系统工程理论与实践,2013,33(8):1940-1948.

[115] 李明,金宇澄. BOT 与 TOT 相结合融资模式的应用[J]. 国际经济合作,2006(11):41-44.

[116] 李倩,张飞涟. 基于风险价值 VAR 的 BOT 项目投融资风险分析[J]. 中南林业科技大学学报,2009(5):174-178.

[117] 李秀辉,张世英. PPP:一种新型的项目融资方式[J]. 中国软科学,2002(2):52-55.

[118] 李秀辉,张世英. PPP 与城市公共基础设施建设[J]. 城市规划,2002,26(7):74-76.

[119] 李旭阳,郑光豹. 模糊综合评判法在企业执行力评价中的应用[J]. 重庆工学院学报(社会科学版),2007,21(7):62-64.

[120] 李学瑞,汤小槽,金晓斌,等. 土地整理复垦开发重大项目特征与管理模式研究[J]. 中国土地科学,2009,23(9):59-62.

[121] 李岩峰. 引入 BOT 模式解决黑龙江国有林区森工企业融资瓶颈[J]. 林业经济问题,2008,28(1):69-72.

[122] 李彦芳,刘巧芹. 土地整理融资新模式——土地整理基金[J]. 经济论坛,2004(12):92-93.

[123] 李瑶. 农村土地整治工程项目管理模式研究[D]. 合肥:合肥工业大学,2013.

[124] 李育红. 高速公路 BOT 项目运营期资金管理[J]. 财务与会计,2020(3):64-65.

[125] 李自学,陈林. 中央建筑企业 BOT 项目实施风险管理探讨[J]. 公路,2012(12):116-119.

[126] 谢季坚,刘承平. 模糊数学方法及其应用[M]. 2 版. 武汉:华中科技大学出版社,2000.

[127] 刘海楠. 土地整治促进区域经济协调发展的机制及路径研究[D]. 北京:首都经济贸易大学,2014.

[128] 刘宏,孙浩. 基于 ISM 和 ANP 的 BOT 项目融资风险评估[J]. 财会月刊,2016(27):88-92.

[129] 刘继才,罗剑,宋金龙. 政府担保条件下的 PPP 项目特许期研究[J]. 科技管理研究,2015(3):159-162.

[130] 刘江艳,邵银生,张素芳. 电力工业 TOT 融资方式亟待规范[J]. 电力建设,1998(7):43-45.

[131] 刘锦章,吕本富. 基于结构方程的高速公路 BOT 项目政策风险评价[J]. 数学的实践与认识,2011(18):94-103.

[132] 刘凯,张凡,刘城城,等.基于 OWA-ER 的城市地下综合管廊 PPP 项目融资风险评价[J].建筑经济,2021,42(S1):274-279.

[133] 刘伟,吕俊娜,邹庆.收益不确定下交通 BOT 项目特许期决策模型[J].系统工程,2012(12):51-56.

[134] 刘铮.中国高速铁路可持续的投融资模式研究[D].北京:清华大学,2008.

[135] 刘志.PPP 模式在公共服务领域中的应用和分析[J].建筑经济,2005(7):13-18.

[136] 刘志强,郭彩云.基础设施建设项目引入 PPP 融资方式探讨[J].建筑经济,2005(6):40-42.

[137] 刘忠魁,李鹰.BOT 模式中特许权协议性质及特权规制问题[J].太原理工大学学报(社会科学版),2012,30(3):16-19,33.

[138] 卢金逯,倪刚.基于 TOT-BOT 组合的大型体育场(馆)融资模式的研究[J].体育科学,2008,28(5):69-73.

[139] 陆晓春,杜亚灵,岳凯,等.基于典型案例的 PPP 运作方式分析与选择——兼论我国推广政府和社会资本合作的策略建议[J].财政研究,2014(11):14-17.

[140] 陆晓春.基于项目治理的代建项目成功因素研究[D].天津:天津大学,2008.

[141] 吕萍,李晴,宋吟秋.考虑运营成本的收费公路 Pareto 有效 BOT 合同决策[J].系统工程理论与实践,2015(7):1808-1815.

[142] 马国丰,周乔乔.基于灰色马尔科夫预测的 PPP 项目特许期调整模型研究[J].科技管理研究,2018,38(17):224-232.

[143] 马君.PPP 模式在我国基础设施建设中的应用前景研究[J].宁夏社会科学,2011(3):43-45.

[144] 马丽,王松江,韩德宝.经营性公共基础设施 TOT 项目融资系统模式研究[J].生产力研究,2010(6):116-118.

[145] 毛燕玲,傅春.PPP 融资模式在农村水电开发中的应用研究[J].中国农村水利水电,2009(12):138-140.

[146] 孟春,李晓慧,张进锋.我国城市垃圾处理领域的 PPP 模式创新实践研究[J].经济研究参考,2014(38):21-27,53.

[147] 孟宪超.BOT 与 PPP 项目融资模式的实证分析[J].水电与新能源,2012(1):70-73.

[148] 聂国平.农村水利工程建设 BOT 模式可行性研究[J].安徽农业科

学,2012,40(30):15043-15044.

[149] 彭程. 城市快速公交系统 BOT-BT-TOT 集成融资创新模式研究——昆明 BRT 模式探讨[D].昆明:昆明理工大学,2012.

[150] 彭清平. PPP 方式在高校基础设施建设融资中的应用[J]. 财会月刊,2007(12):33-34.

[151] 上海市自然资源利用和保护"十四五"规划[EB/OL]. (2021-09-13)[2021-09-13]. http://www. shanghai. gov. cn/nw12344/20210913/18be4647d11e4285b54bbe6bbede3ad0. html.

[152] 邵哲,张桂梅. 国有林场改革运用 TOT 模式研究[J]. 林业经济,2012(1):65-67.

[153] 申树云. PPP 模式在土地整治融资中的应用研究——以上海市某土地整治项目为例[J]. 上海国土资源,2015(2):74-78.

[154] 舒畅,刘凯,刘士磊.基于多级可拓 PPP 模式综合管廊融资风险综合评价[J]. 土木工程与管理学报,2020,37(5):115-121,136.

[155] 宋浩,李建平,蔡晨,等. 基于 meta-analysis 和等级全息建模的可信软件开发风险识别研究[J].武汉大学学报(理学版),2012(3):260-268.

[156] 宋金波,党伟,孙岩. 公共基础设施 BOT 项目弹性特许期决策模式——基于国外典型项目的多案例研究[J]. 土木工程学报,2013(4):142-150.

[157] 宋金波,靳璐璐,付亚楠. 公路 BOT 项目收费价格和特许期的联动调整决策[J]. 系统工程理论与实践,2014(8):2045-2053.

[158] 宋金波,靳璐璐,付亚楠.高需求状态下交通 BOT 项目特许决策模型[J].管理评论,2016,28(5):199-205.

[159] 宋金波,宋丹荣,富怡雯,等. 基于风险分担的基础设施 BOT 项目特许期调整模型[J]. 系统工程理论与实践,2012,32(6):1270-1277.

[160] 宋金波,宋丹荣,姜珊.垃圾焚烧发电 BOT 项目的风险分担研究[J].中国软科学,2010(7):71-79.

[161] 宋金波,宋丹荣,谭崇梅. 垃圾焚烧发电 BOT 项目特许期决策模型[J]. 中国管理科学,2013(5):86-93.

[162] 宋金波,王东波,宋丹荣. 基于蒙特卡罗模拟的污水处理 BOT 项目特许期决策模型[J]. 管理工程学报,2010,24(4):93-99.

[163] 宋金波,王若宇,宋丹荣. 高速公路 BOT 项目特许期决策模型[J].系统工程,2014(2):91-97.

[164] 宋金波,张紫薇. 基于系统动力学的污水处理 BOT 项目特许定价[J].系统工程,2017,35(7):138-145.

[165] 宋丽. BOT 项目中政府监管存在的问题及应对策略[D]. 西安:陕西科技大学,2012.

[166] 孙慧,宁玉玺,张逸婷. 城乡一体化建设中捆绑赢利性项目的 PPP 模式分析[J]. 天津大学学报(社会科学版),2013,15(6):492-496.

[167] 孙启鹏,丁海鹰. 公路基础设施民营化问题研究[J]. 综合运输,2004(10):21-25.

[168] 孙荣霞,王松江. 城市基础设施项目 BOT-TOT-PPP 集成结构框架研究[J]. 生产力研究,2009(19):73-74,103.

[169] 孙婷婷,王卓甫,丁继勇,等. 基于云模型的水电 TOT 项目运营成本仿真[J]. 土木工程与管理学报,2016,33(5):122-126.

[170] 谭志加,杨海,陈琼. 收费公路项目 Pareto 有效 BOT 合同与政府补贴[J]. 管理科学学报,2013,16(3):10-20.

[171] 唐祥来,杨娟娟. 农业基础设施建设 PPP 模式的投资激励决策机制[J]. 农业技术经济,2012(10):112-119.

[172] 唐秀美. 农村土地整治助力乡村振兴战略实施——《乡村振兴视域中的农村土地整治》评介[J]. 中国土地科学,2020,34(3):101-104.

[173] 万冬君,王要武,姚兵. 基础设施 PPP 融资模式及其在小城镇的应用研究[J]. 土木工程学报,2006,39(6):115-119.

[174] 汪伦焰,赵延超,李慧敏,等. 水生态综合治理 PPP 项目投资风险评价研究[J]. 人民黄河,2018,40(3):54-58.

[175] 汪文雄,钱圣,杨钢桥. PPP 模式下农地整理项目前期阶段效率影响机理研究[J]. 资源科学,2013(2):341-352.

[176] 王春福. 农村基础设施治理 PPP 模式研究[J]. 农业经济问题,2008(6):64-67.

[177] 王东波,宋金波,戴大双,等. BOT 项目特许期决策方法研究评述[J]. 预测,2009,28(3):1-8.

[178] 王东波,宋金波,戴大双,等. 弹性需求下交通 BOT 项目特许期决策[J]. 管理工程学报,2011(3):116-122.

[179] 王灏. 加快 PPP 模式的研究与应用 推动轨道交通市场化进程[J]. 宏观经济研究,2004(1):47-49.

[180] 王经绫,华龙. PPP 机制应用于我国养老机构建设的必要性研究[J]. 经济研究参考,2014(52):57-61.

[181] 王灏. PPP 的定义和分类研究[J]. 都市快轨交通,2004,17(5):23-27.

[182] 王军武,余旭鹏.考虑风险关联的轨道交通 PPP 项目风险分担演化博弈模型[J].系统工程理论与实践,2020,40(9):2391-2405.

[183] 王乐,郭菊娥,高峰.论政府担保在基础项目 PPP 融资模式中的金融支持作用[J].科学管理研究,2008,26(3):104-106.

[184] 王丽.农村土地整理资金良性循环研究[J].现代经济(现代物业下半月刊),2008,7(1):81-82.

[185] 王利敏,孙静.基于项目公益性视角的农村土地整治融资模式创新[J].齐齐哈尔大学学报(哲学社会科学版),2015(4):1-3,6.

[186] 王利明,刘方强,代建生.公共租赁房 BOT 融资模式的博弈决策分析[J].经济问题探索,2011(9):42-45.

[187] 王林秀,宫明杰,王丽娜.基于 BOT 模式的大洞山乡村旅游建设项目风险分析及对策研究[J].生态经济(学术版),2012(2):219-222,228.

[188] 王岭.城市水务 PPP 项目特许经营权的竞标难题、形成机理与治理机制[J].浙江社会科学,2017(5):30-35,155-156.

[189] 王乾坤,王淑嫱.PPP 模式在廉租房项目中的应用研究[J].建筑经济,2007(10):27-30.

[190] 王守清,刘婷.对加强我国 PPP 项目监管的建议[J].经济研究参考,2014(60):14-15.

[191] 王帅力,单汩源.PPP 模式在我国公共事业项目管理中的应用与发展[J].湖南师范大学社会科学学报,2006,35(1):85-87.

[192] 王松江,王敏正.云南省公共基础设施领域 TOT 项目方式应用研究[J].经济问题探索,2003(7):6-8.

[193] 王婷.城乡建设用地增减挂钩制度创新研究[D].南京:南京农业大学,2012.

[194] 王秀芹,梁学光,毛伟才.公私伙伴关系 PPP 模式成功的关键因素分析[J].国际经济合作,2007(12):59-62.

[195] 王雪青,喻刚,邴兴国.PPP 项目融资模式风险分担研究[J].软科学,2007,21(6):39-42.

[196] 王艳伟,王松江,潘发余.BOT-TOT-PPP 项目综合集成融资模式研究[J].科技与管理,2009(1):44-49.

[197] 王耀华,赵志燕,谢娇玲,等.国家大学科技园建设中的 BOT 模式研究[J].福州大学学报(哲学社会科学版),2011(3):18-26.

[198] 王卓甫,侯嫚嫚,丁继勇.公益性 PPP 项目特许期与政府补贴机制设计[J].科技管理研究,2017,37(18):194-201.

[199] 隗京兰,李付栋,刘健哲.海外 BOT 项目的风险管理——老挝水电市场 BOT 项目的风险分析及防范措施[J].国际经济合作,2013(1):58-60.

[200] 吴九兴,杨钢桥,汪文雄.基于 PPP 模式的农地整理项目合作机理[J].湖北农业科学,2012(16):3452-3457.

[201] 吴涛,陈勇,姜娟.BOT 模式城市隧道项目中期评估方法的研究[J].隧道建设(中英文),2021,41(5):789-794.

[202] 吴孝灵,周晶,洪巍.基于有效运营期的 BOT 项目特许权期决策模型[J].系统工程学报,2011,26(3):373-378.

[203] 吴亚平.准经营性项目政府出资方式的多样化[J].中国投资,2004(7):99-100.

[204] 伍黎芝,董利民,张明,等.土地整理融资模式及其比较研究[J].商业研究,2004(24):36-41.

[205] 武树礼.城市轨道交通建设引入 PPP 模式研究——以北京地铁四号线为例[J].新视野,2014(6):47-51.

[206] 徐霞,郑志林.公私合作制(PPP)模式下的利益分配问题探讨[J].城市发展研究,2009,16(3):104-106.

[207] 徐勇戈,王莎莎.公租房 BOT 模式全生命周期风险分担研究[J].会计之友,2019(11):16-21.

[208] 徐友全,高群.公共停车场 BOT 项目特许期决策模型[J].土木工程与管理学报,2019,36(1):1-7.

[209] 杨培涛,陈石清,陈娟芬.农业基础设施建设中企业运用"建设-经营-转让"模式的博弈策略研究[J].生态经济,2012(1):141-143.

[210] 杨洋.BOT 模式下对构建农村旅游基地运营管理体系研究[J].农业经济,2014(11):66-67.

[211] 杨志荣,鲍海君,姚秋萍.基于 BOT 的欠发达地区新农村基础设施建设融资模式研究[J].生产力研究,2010(12):42-44.

[212] 姚璐.项目融资发展综述[J].科技情报开发与经济,2007(4):139-141.

[213] 姚张峰,许叶林,龚是滔.关于 PPP 垃圾焚烧发电项目特许定价研究——基于系统动力学理论分析[J].价格理论与实践,2017(4):132-135.

[214] 叶苏东.BOT 模式开发城市轨道交通项目的补偿机制研究[J].北京交通大学学报(社会科学版),2012(4):22-29.

[215] 叶苏东.城市垃圾焚烧发电 BOT 项目的偿付机制[J].北京交通大学学报(社会科学版),2014,13(4):25-30,74.

［216］余群舟,陈海滨. 基于动态博弈的垃圾焚烧发电 BOT 项目特许权期决策模型[J]. 土木工程与管理学报,2012,29(2):63-67.

［217］余潇枫,魏志江. 非传统安全蓝皮书:中国非传统安全研究报告(2013～2014)[M]. 北京:社会科学文献出版社,2014.

［218］余杨,秦定,马凌. 小城镇基础设施建设中 PPP 模式融资的可行性分析[J]. 金融理论与实践,2008(6):43-48.

［219］袁义淞. 基于 ISM 模型和模糊综合评判的 BOT-TOT-PPP 项目集成融资风险研究[J].昆明理工大学学报(自然科学版),2014,39(5):109-116.

［220］袁永博,叶公伟,张明媛. 基础设施 PPP 模式融资结构优化研究[J].技术经济与管理研究,2011(3):91-95.

［221］占征杰,占文斌. 土地整理项目融资渠道探讨[J]. 时代金融,2007(10):83-84.

［222］张晨.土地整治资金筹措与风险防范[D].南昌:江西农业大学,2012.

［223］张丛林,黄洲,郑诗豪,等. 基于赤水河流域生态补偿的 PPP 项目风险识别与分担研究[J].生态学报,2021(17):1-11.

［224］张洪瑞,吕洁华.生态公益林建设新型公私合作融资模式探讨——以东北国有林区为例[J].林业经济,2019,41(9):46-51.

［225］张建坤,王效容,吴丽芳. "蚁族"保障性住房的 PPP 模式设计[J].东南大学学报(哲学社会科学版),2012,14(2):41-45,127.

［226］张静,徐进,刘继才. BOT 项目特许权期公平性博弈研究[J]. 城市发展研究,2011,18(6):89-93.

［227］张俊生,王广斌. 分期 BOT 项目期权定价特许权期的决策模型与分析[J]. 同济大学学报(自然科学版),2012,40(9):1434-1438.

［228］张清军,鲁俊娜.BOT 融资及其在唐山市采煤塌陷地复垦中的应用[J].安徽农业科学,2008,36(33):14731-14732.

［229］张水波,高颖. 国际 BOT 项目合同框架分析以及风险防范[J]. 国际经济合作,2010(1):74-77.

［230］张腾飞.保定市农村土地整治融资模式研究[D].咸阳:西北农林科技大学,2013.

［231］张甜. 土地整治项目融资模式探讨[J]. 农业与技术,2014(10):231.

［232］张伟.城市基础设施投融资研究[M].北京:高等教育出版社,2005.

［233］张旭.基于博弈论的高速公路 BOT 项目风险分担研究[D].北京:北方工业大学,2012.

［234］张雅杰,张丰. 浅谈我国土地整理多元化融资[J]. 国土资源科技管

理,2003,20(2):13-16.

[235] 张岩.我国农村土地融资模式创新研究[D].郑州:郑州大学,2014.

[236] 张颖.PPP融资模式在我国铁路融资中的应用[J].铁道运输与经济,2006(11):3-5.

[237] 张勇,郝寿义.应用PPP融资模式促进城市基础建设发展[J].生产力研究,2004(11):56-58.

[238] 赵国富,王守清.城市地下综合管廊PPP项目回报结构案例研究[J].清华大学学报(自然科学版),2022,62(2):250-258.

[239] 赵立力,刘怡,谭德庆.基础设施BOT项目中的可控制风险管理研究[J].软科学,2008,22(2):79-82.

[240] 赵立力,谭德庆.基于社会效益的BOT项目特许权期决策分析[J].管理工程学报,2009,23(2):125-130.

[241] 赵立力,游琦.高速公路BOT项目调节基金决策机制研究[J].管理工程学报,2013,27(3):81-86.

[242] 赵丽.聚焦土地整治:污染不容乐观 利用效率普遍不高[N].法制日报,2015-06-26.

[243] 赵谦.德国农村土地整理融资立法及对中国的启示[J].世界农业,2012(7):74-76,88.

[244] 赵谦.农村土地整理融资制度的问题与对策[J].农机化研究,2012(4):245-248.

[245] 赵世刚,孔国庆.浅谈烧结烟气脱硫BOO模式创新管理及应用[J].环境科学与管理,2012(12):11-12,19.

[246] 赵艳.BOT模式运作下乡村生态旅游项目的发展路径研究——以重庆市为例[J].中国农业资源与区划,2016,37(10):39-44.

[247] 郑传军.特许经营与PPP的比较:国际经验和中国实践研究[J].国际经济合作,2017(1):82-90.

[248] 郑华伟.农村土地整理项目绩效的形成、测度与改善[D].南京:南京农业大学,2012.

[249] 郑生钦,司红运,贺庆.基于BOT模式的养老社区项目特许期决策[J].土木工程与管理学报,2016,33(4):29-34,40.

[250] 郑霞忠,胡宇峰,陈述,等.基于蒙特卡罗模拟的水电BOT项目特许期决策[J].人民黄河,2016,38(8):136-139,144.

[251] 郑霞忠,武靖凯,陈述,等.水力发电PPP项目特许期决策模糊仿真研究[J].水电能源科学,2017,35(9):123-126.

[252] 中国财政学会公私合作（PPP）研究专业委员会课题组,贾康,孙洁.社会主义新农村基础设施建设中应积极探索新管理模式——PPP[J]. 经济研究参考,2014(13):28-35.

[253] 周昌仕,李超龙.基于 SFIC 模型的 BOT 协同治理困境及改进策略[J].建筑经济,2021,42(2):41-45.

[254] 周龙. PPP 模式在公共基础设施建设中的应用[J]. 河南师范大学学报(哲学社会科学版),2010(2):127-129.

[255] 周镇浩,王艳伟.农村垃圾处理 PPP 项目三方演化博弈分析[J].昆明理工大学学报(自然科学版),2021,46(6):132-143.

[256]朱光福. 基于模糊层次分析的 BOT 项目融资风险评价[J]. 统计与决策,2012(14):66-68.

[257]朱俊文,高华. 城市基础设施负债融资的理论基础及正负效应探讨[J].技术经济与管理研究,2008(3):79-80.

[258]朱巍,安蕊. 城市轨道交通建设采用 PPP 融资模式的探讨[J]. 铁道运输与经济,2005(1):26-28.

附录 1 土地整治集成融资风险评价调查问卷

尊敬的专家：

您好！为完成农村土地整治集成融资模式研究，需要了解 2015 年度城乡增减挂钩项目融资风险。以下表格是风险评价研究指标体系，请根据您的经验按照打分规则赋予特定的分值。非常感谢！

调查时间：　　　年　　月　　　日

受访者资料（请在□中打√）

所属：　□项目公司　　　　□项目管理政府代表　　　　□投资者

　　　　□项目的市级、区级管理人员　　　　　　　　　□贷款银行

在本领域的工作年限：

□3 年或以下　　□4～5 年　　□6～10 年　　□11 年或以上

集成融资风险评价指标体系

目标层 A	准则层 C	指标层（因素集 U）
J 区万顷良田建设工程集成融资风险评价	政策风险 C_1	城乡建设用地增减挂钩政策变动风险（U_{11}）
		当地搬迁安置政策调整风险（U_{12}）
		增减挂钩节余指标交易政策调整风险（U_{13}）
	市场风险 C_2	指标交易价格变动风险（U_{21}）
		指标需求程度风险（U_{22}）
	借贷机构风险 C_3	银行贷款和担保风险（U_{31}）
		贷款利率风险（U_{32}）
		资金及时到位风险（U_{33}）
	政府风险 C_4	政府控制违章建筑风险（U_{41}）
		政府审批风险（U_{42}）
	项目公司风险 C_5	信用风险（U_{51}）
		指标交易收益风险（U_{52}）
	项目阶段性风险 C_6	农户不支持（如上访）风险（U_{61}）
		清障迁坟等风险（U_{62}）
		搬迁补偿安置风险（U_{63}）
	合同风险 C_7	特许经营/合作合同风险（U_{71}）
		指标购买合同风险（U_{72}）

请您根据经验,判断不同风险程度,在对应的风险等级下方打√。

各风险程度打分表

指标		风险等级				
		v_1（低风险）	v_2（较低风险）	v_3（中等风险）	v_4（较高风险）	v_5（高风险）
政策风险 C_1	城乡建设用地增减挂钩政策变动风险（U_{11}）					
	当地搬迁安置政策调整风险（U_{12}）					
	增减挂钩节余指标交易政策调整风险（U_{13}）					
市场风险 C_2	指标交易价格变动风险（U_{21}）					
	指标需求程度风险（U_{22}）					
借贷机构风险 C_3	银行贷款和担保风险（U_{31}）					
	贷款利率风险（U_{32}）					
	资金及时到位风险（U_{33}）					
政府风险 C_4	政府控制违章建筑风险（U_{41}）					
	政府审批风险（U_{42}）					
项目公司风险 C_5	信用风险（U_{51}）					
	指标交易收益风险（U_{52}）					
项目阶段性风险 C_6	农户不支持（如上访）风险（U_{61}）					
	清障迁坟等风险（U_{62}）					
	搬迁补偿安置风险（U_{63}）					
合同风险 C_7	特许经营/合作合同风险（U_{71}）					
	指标购买合同风险（U_{72}）					

权重打分规则

标度值	举例
1	表示两个因素比较,具有同等的重要性
3	表示两个因素比较,C_1 比 C_2 稍微重要
5	表示两个因素比较,C_1 比 C_2 明显重要
7	表示两个因素比较,C_1 比 C_2 强烈重要
9	表示两个因素比较,C_1 比 C_2 极端重要
2,4,6,8	2,4,6,8 分别表示相邻判断 1～3,3～5,5～7,7～9 的中值
倒数	C_2 比 C_1 得判断 3,则比较得判断 1/3

请您根据上表权重打分规则，填写下表：

风险评价指标权重打分表

A-C	C_1	C_2	C_3	C_4	C_5	C_6	C_7	C_1-U	U_{11}	U_{12}	U_{13}
C_1	1							U_{11}	1		
C_2	/	1						U_{12}	/	1	
C_3	/	/	1					U_{13}	/	/	1
C_4	/	/	/	1							
C_5	/	/	/	/	1						
C_6	/	/	/	/	/	1					
C_7	/	/	/	/	/		1				
C_2-U	U_{21}	U_{22}	C_3-U	U_{31}	U_{32}	U_{33}	C_4-U	U_{41}	U_{42}		
U_{21}	1		U_{31}	1			U_{41}	1			
U_{22}	/	1	U_{32}	/	1		U_{42}	/	1		
			U_{33}	/	/	1					
C_5-U	U_{51}	U_{52}	C_6-U	U_{61}	U_{62}	U_{63}	C_7-U	U_{71}	U_{72}		
U_{51}	1		U_{61}	1			U_{71}	1			
U_{52}	/	1	U_{62}	/	1		U_{72}	/	1		
			U_{63}	/	/	1					

附录 2 土地整治集成融资绩效指标权重调查问卷

尊敬的专家：

您好！为完成农村土地整治集成融资模式研究，需要了解融资绩效指标权重情况。以下表格是绩效评价研究指标体系，请根据您的经验按照打分规则赋予特定的分值。非常感谢！

调查时间：　　年　　月　　日

受访者资料(请在□中打√)

工作行业：

□政府管理机构　　□金融机构　　□科研机构

在本领域的工作年限：

□3 年或以下　　□4～5 年　　□6～10 年　　□11 年或以上

集成融资模式绩效评价指标体系

目标层(O)	准则层(C)	指标层(P)
土地整治项目集成融资绩效评价(O)	提高效率(C_1)	吸引社会资金比例(P_{11})
		吸引银行贷款比例(P_{12})
		拆迁进度按时率(P_{13})
		拆旧区复垦按时率(P_{14})
		拆旧区验收及时率(P_{15})
		资金按时到位率(P_{16})
	降低造价(C_2，含提升收益)	工程施工费节约率(P_{21})
		相关规费节约率(P_{22})
	确保质量(C_3，含保障农户权益)	立项面积与计划面积比例(P_{31})
		验收合格率(P_{32})
		拆迁人对安置房的满意度(P_{33})

权重打分规则

标度值	举例
1	表示两个因素比较,具有同等的重要性
3	表示两个因素比较,C_1 比 C_2 稍微重要
5	表示两个因素比较,C_1 比 C_2 明显重要
7	表示两个因素比较,C_1 比 C_2 强烈重要
9	表示两个因素比较,C_1 比 C_2 极端重要
2,4,6,8	2,4,6,8 分别表示相邻判断 1~3,3~5,5~7,7~9 的中值
倒数	C_2 比 C_1 得判断 3,则比较得判断 1/3

请您根据上表权重打分规则,填写下表:

绩效评价指标权重打分表

O-C	C_1	C_2	C_3	C_1-*P*	P_{11}	P_{12}	P_{13}	P_{14}	P_{15}	P_{16}
C_1	1			P_{11}	1					
C_2	/	1		P_{12}	/	1				
C_3	/	/	1	P_{13}	/	/	1			
				P_{14}	/	/	1	1		
				P_{15}	/	/	1	1	1	
				P_{16}	/	/	/	/	/	1
C₂ -P	P_{21}	P_{22}	*C₃ -P*	P_{31}	P_{32}	P_{33}				
P_{21}	1		P_{31}	1						
P_{22}	/	1	P_{32}	/	1					
			P_{33}	/	/	1				

后　记

　　本书是我以在南京农业大学读博期间研究的课题为基础,深入探索总结而形成的。在本书即将付梓之际,我首先要感谢我的导师刘友兆教授,他总是尽自己所能启迪后学,热心地帮助和扶持我。刘老师热爱学术、关注民生,始终致力于研究适合中国本土的土地整治理论与实践,造福民众。本书的写作寄托了刘老师的殷切希望,他就其中的关键问题多次与我展开深入讨论。刘老师的认真与严谨每每让我惭愧,从逻辑结构、理论表述到文献出处以及修辞文法,刘老师都认真细致地指出问题并提出理性、建议性的意见。我十分感谢我的导师,他言传身教传递给我的那些做人为学的道理将让我终生受益!

　　在南京农业大学公共管理(土地管理)学院的求学生活中,我有幸得到了学院众多老师的指导和帮助,他们是曲福田教授、王万茂教授、陈利根教授、欧名豪教授、石晓平教授、吴群教授、郭忠兴教授、孙华教授、唐焱教授、诸培新教授、冯淑怡教授、陈会广教授、于水教授、邹伟教授、徐梦洁教授、姜海教授、欧维新教授、吴未副教授、龙开胜副教授、夏敏副教授、郭贯成副教授、马贤磊副教授、刘向南副教授、郭杰副教授、宋奇海副教授、郭春华副教授、王群副教授、张颖副教授、谭涛副教授、刘琼副教授等。他们渊博的学识与谦和的人格都在我的求学生活中留下深深的烙印,在此对他们表示诚挚的谢意!同时,还要感谢张树峰老师、林庶民老师、吴玥彤老师、蔡薇老师、颜玉萍老师等对我的关心与帮助!

　　感谢我的师兄郑华伟、丑建立、郭永忠、孟展,师姐张俊凤、史晓云等,在学习和生活中曾经给予我关心和帮助!感谢与我一起学习和生活的黄琪、吴晓涛、端木渡洋、齐福佳、张兰、孙男男等师弟师妹们给予我许多帮助。

　　我还要真诚地感谢我的博士生同学们,他们是赵亚莉、张锐、吉登艳、翟腾腾、姜玲、杨亚楠、上官彩霞、米强、欧胜斌、周长江、钟国辉、解安宁、李青乘、陈伟、唐鹏等。和他们在一起的日子,我收获颇多,与他们的讨论不时激发我的灵感。

　　最后,感谢我的父母,他们用勤劳的双手为我创造了幸福,祝愿父母健康长寿。感谢我的爱人南京工业大学付光辉教授对我的热切期望和生活上的照顾。

　　谢谢你们!

陈　慧

2022 年 6 月于紫金山麓